ନିଷାଦର ନିଶାଣରେ

ନିଷାଦର ନିଶାଣରେ

ରାଜୀବ ପାଣି

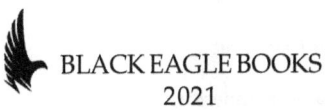

BLACK EAGLE BOOKS
2021

BLACK EAGLE BOOKS

USA address:
7464 Wisdom Lane
Dublin, OH 43016

India address:
E/312, Trident Galaxy, Kalinga Nagar,
Bhubaneswar-751003, Odisha, India

E-mail: info@blackeaglebooks.org
Website: www.blackeaglebooks.org

First International Edition Published by
BLACK EAGLE BOOKS, 2021

NISHADA RA NISHANARE
by **Rajib Pani**

Copyright © **Rajib Pani**

All rights reserved. No part of this publication may be reproduced, stored in a retrieval system, or transmitted, in any form or by any means, electronic, mechanical, photocopying, recording or otherwise without the prior permission of the publisher.

Cover & Interior Design: Ezy's Publication

ISBN- 978-1-64560-211-8 (Paperback)

Printed in the United States of America

ଉତ୍ସର୍ଗ

ମୋ କବିତାର ପ୍ରଥମ ପାଠକ ବିଶିଷ୍ଟ ସମାଲୋଚକ, ପ୍ରାବନ୍ଧିକ, ଇଂରାଜୀ ଭାଷାସାହିତ୍ୟର ଅବସରପ୍ରାପ୍ତ ପ୍ରାଧ୍ୟାପକ **ଶ୍ରୀଯୁକ୍ତ ପାରେଶ୍ୱର ବିଶ୍ୱାଳଙ୍କୁ** ମୋର ଏହି ନବମ କବିତା ସଂକଳନ **'ନିଷାଦର ନିଶାଣରେ'** ଉତ୍ସର୍ଗ କରୁଛି ।

- ରାଜୀବ

କୃତଜ୍ଞତା

ଏହି ସଂକଳନର ଆଦ୍ୟ ଲେଖକ, ଅଗ୍ରଜ, ବିଶିଷ୍ଟ କବି ଶ୍ରୀ ପ୍ରଦୀପ କୁମାର ପଣ୍ଡା ତଥା ଓଡ଼ିଶାର ବିଭିନ୍ନ ପତ୍ର ପତ୍ରିକାର ବରେଣ୍ୟ ସମ୍ପାଦକ, ଅଗଣିତ ପାଠକବନ୍ଧୁ ତଥା କବିତାର ସଜ୍ଜିକରଣ କରିଥିବା ଶ୍ରୀ ବିଜୟ କୁମାର ଶତପଥୀଙ୍କୁ କୃତଜ୍ଞତା ଜଣାଉଛି ।

ରାଜୀବ ପାଣିଂକ କାବ୍ୟଭାଷା

'ଶବ୍ଦବ୍ରହ୍ମ ଦିବ୍ୟ ଆତ୍ମା'
ନିରବ ନିଥର ହୋଇ
ଏକା ଧାଡ଼ିରେ ଠିଆ ସେଠି
ସଂଗୋପିତ ଅନ୍ତରୀକ୍ଷରେ
ଅଥଚ ରାଗରାଗେଣୀ ପରି
କିଏ କାହୁଁ କରନ୍ତି ପ୍ରାର୍ଥନା
ଆସ ଆସ ଦିବ୍ୟଙ୍ଗରୁ
ଓହ୍ଲାଇ ଆସ,
ଶବ୍ଦଫୁଲମାନେ
ମାୟାର ପଲକ କାଟି
ଇଂଦ୍ରଧନୁର ବର୍ଣ୍ଣିଳ ସୁଷମା ଭେଦି " ।

ଆଲୁଅରେ ନଥାଏ, ଏମିତି ନୁହେଁ
କିନ୍ତୁ ଅଂଧାରର ଭାବଟି ଅତି ନିବିଡ଼ ।
ଝରକା ଖୋଲିଦେଲେ ଧାରେ ଅମୃତର ଆୟୁଷ ଲମ୍ଭି ଆସେ ଘର ଭିତରକୁ ।
ଆହତ ପକ୍ଷୀଟିଏ ପରି କାଳ ଗଣୁଥାଏ କବି ।
ବଡ଼ ବିଚିତ୍ର କବିର ସ୍ୱପ୍ନ, ଯେଉଁ ସ୍ୱପ୍ନରେ ରମଣ, ସେଇ ସ୍ୱପ୍ନରେ ମରଣ,
ଅଥଚ ଅନନ୍ତ ପ୍ରତୀକ୍ଷା ସେ ସ୍ୱପ୍ନକୁ ।

ଭ୍ରଷ୍ଟ ନ ହେଲେ ଶବ୍ଦ କି ଶବ୍ଦ ! ଶବ୍ଦପକ୍ଷୀ ପାଇଁ ଗଢା ହୋଇନାହିଁ ପଂଜୁରୀ ।
ଶବ୍ଦ ନିରବ କିନ୍ତୁ ସ୍ଫୋଟ । ଅଂଧାରରେ ହିଁ ଚିତ୍ରଲୋକ ।
କାଳ ଡାକୁଛି ଦୁଆରରେ, ଦେବାକୁ ହେବ ପାଉଣା ।
ଏ ପୃଷ୍ଠାରେ ପୃଥିବୀ ବିଦୀର୍ଣ୍ଣ,
ଆର ପୃଷ୍ଠାରେ ଇଂଦ୍ରଧନୁର ବର୍ଣ୍ଣିଳ ଆକାଶ ।

ଚଉକାଠରେ କବି ଚିରକାଳ, ଦୁଆର ଏପଟେ ଗଭୀର ରାତିର ବିକଟାଳ ଧ୍ୱନି, ସେ ପଟେ ସମୁଦ୍ରର ଆଦିଗନ୍ତ ନିରବତା।

ଦ୍ୱାର ପାଖରେ ଲହ ଲହ ସ୍ୱର୍ଣ୍ଣାତୁର ଯୋଗିନୀର ଜାନୁ। ନିରବତାର ଚିରାଂଶୁ କ୍ରୌଞ୍ଚ ପକ୍ଷୀକୁ ଓଟାରି ଆଣେ ନିଷାଦ ପରି ଶବାଧାରକୁ। ଦିଗନ୍ତ ବ୍ୟାପୀ ସୂକ୍ଷ୍ମତାରେ ଝଟକୁଥାଏ ଆଲୁଅ ଅଂଧାର। କେଉଁ ଅନାଗତ ଗର୍ଭାଶୟରେ ଉଦଗମିତ ହୁଏ କବିର ଭ୍ରୁଣ, କାଳ କାଳ ମହାକାଳ ଗଢୁଥାଏ ତାକୁ। ମଇଁଷି ରଙ୍ଗର ଛାଇ, ପାଦର ପାଉଁଜି, ଶିଖା ପରି ଦେହରେଣୁ, କିଏ ଗୋ ତୁ, ପଚାରେ କବି । ସ୍ତନାଗ୍ରରେ ତୋର, ମୋର ପୁରୁଷାର୍ଥର ପାପ, ଅକ୍ଷମତାର ଅମୃତ।

ଶୁଭୁଛି ରହି ରହି ସେ ଅନାଥିନୀ ବୁଢୀର କାନ୍ଦଣାର ଗୀତ, ସୁନ୍ଦର ଗୋଧୂଳି।
ସରିଗଲା ସବୁ ମଂତ୍ର, ଲିଭିଗଲା ହୋମାଗ୍ନି, ପ୍ରଜାପତିମାନେ ଅବୋଧ ରହିଗଲେ କବିତା,
ମହାଶୂନ୍ୟ ନିରବତା, ଶୁଷ୍କପ୍ରାଣ ଆକୁଳତା, କବିତା କବିତା ।

ଅପୂର୍ଣ୍ଣତାରେ ବହ୍ନିଥାଏ, ଥାଏ କବିତା, ଅହରହ ଝଟକୁଥାଏ।

ଅପୂର୍ଣ୍ଣତାର ବହ୍ନି ସୃଜେ କିଏ ?
କୁହୁଡ଼ିରେ ଆସ୍ତରିତ କରେ କିଏ ଜୀବନର ମାନଚିତ୍ର ? କେତେ ପ୍ରେମରେ ଗଢିହୁଏ ପୃଥିବୀ ? ଆକାଶ କଣ ପ୍ରେମର ପରିସୀମା ?
ସମୁଦ୍ରରେ ଲହଡ଼ି ଭାଙ୍ଗୁଥାଏ ଏକାକୀତ୍ୱ, ଆହା ! ପ୍ରଳୟ କେତେ ଏକଲା !
ନିଷାଦର ନିଶାଣରେ କବି ଉଭା ଯେତିକି, ପୋତା ସେତିକି।

କବିତା ଭାଷିକ କଳାର ସାମ୍ରାଜ୍ଞୀ। ଏଇଥି ପାଇଁ ଯେ ଭିନ୍ନ ଭିନ୍ନ ଭାବକଳ୍ପର ଦୃଶ୍ୟାୟନ ସହିତ ଶବ୍ଦର ଧ୍ୱନିକଂପକୁ ସେ ସୂତ୍ରାୟିତ କରେ, ଏକ ଇ ଠା'ରେ। ପ୍ରେମ ହେଉ କି ବିଦ୍ରୋହ, ଯୁଦ୍ଧ ହେଉ କି ଅଧ୍ୟାତ୍ମ, କବିତାକୁ ମଂତ୍ରାୟିତ କରେ ତା'ର ଶାବ୍ଦିକ ସ୍ପଂଦନ।

କବିତା ପ୍ରତି ଏତକ ବୋଧ ନେଇ ମୁଁ ପଢେ ଶ୍ରୀ ରାଜୀବ ପାଣିଙ୍କୁ, ପ୍ରାର୍ଥନା କରିବି ଆପଣ ବି ପଢନ୍ତୁ।

ତାଙ୍କ କବିତା କେବଳ କବିତା ନୁହେଁ , ମଂତ୍ର।

ଡ. ପ୍ରଦୀପ କୁମାର ପଂଡା
ସମ୍ବଲପୁର ୨୬.୦୮.୨୦୨୧

ସୂଚୀପତ୍ର

ଘର	୧୧
ନିଷାଦର ନିଶାଣରେ	୧୩
ଅନନ୍ତ ବାରିଧି	୧୬
ସ୍ୱପ୍ନ ରମଣ	୨୦
ଭାବଭିଜା ଅନ୍ଧାର	୨୩
ଶୀଳଭ୍ରଷ୍ଟ	୨୫
ଶୋକାକୁଳ ଜନ	୨୮
ରୋମିଲାର ସଂସାର	୩୧
ସର୍ଜନା	୩୩
ଚଉକାଠରେ ଚିରକାଳ	୩୬
ଇଚ୍ଛାବତୀ	୩୯
ଏକାକୀତ୍ୱ	୪୧
ଜହ୍ନରାତି	୪୩
ସ୍ୱର୍ଗଦ୍ୱାର	୪୫
ଯାତ୍ରା	୪୮
ମହାକାଳ	୫୧
ପୁରୁଷାର୍ଥ	୫୫
ଅନ୍ଧାରରେ ପ୍ରଜାପତି	୫୬
ଚଷମା	୫୯
କେବେ ଶୁଝିବ ନବଘନ	୬୨
ଉତ୍ତରଦାୟୀ	୬୬

ଘର ବାହୁଡ଼ାର ବେଳା	୬୯
ବନ୍ଦ କର	୭୨
ବୁଢ଼ାଲୋକ	୭୪
ଓହ୍ଲାଉଛି ତଳକୁ ତଳକୁ	୭୬
ମାୟାକନ୍ଦ	୭୯
ପବନ	୮୩
ନିଶାରେ... ନିଶାରେ	୮୫
କିଏବା ସ୍ୱୀକୃତି ଦେବ	୮୭
ସହି ହୁଏନି	୮୯
ବେଳେବେଳେ	୯୩
ଊର୍ଦ୍ଧ୍ୱ ଗମନ	୯୪
ଦେଶ	୯୬
ଆକାଶ ମୁହାଁ	୯୮
ଆୟୁଷ୍କାଳ	୧୦୦
ଗାନ୍ଧୀ ମଣିଷ	୧୦୨
ଶେଷ ପାହାଚ	୧୦୪
ପାହାନ୍ତା ସକାଳ	୧୦୮
ଆପଣା ପଣ	୧୧୦

ଘର

ଆବେଗ ଓ ଉନ୍ମାଦନାରେ
ମାଟି ସହିତ ପାଣି
ପାଣିରେ କସ୍ତୁରୀ
ପ୍ରେମ ଓ ଭାବମିଶା
ମାଟି ଚକଟାରେ
ଠିଆ ହେଇଛି
ମଜଭୁତ ଘର॥

ଭୋକିଲା ଭୋକିଲା ଦେହ
ଭୟ ଭୟରେ
ବିତୁଥିବା ଜୀବନକୁ ନେଇ
ଚାଳ ଛପର ଉପରେ
ଲଟକି ପଡ଼ିଛି
ପାଣି କଖାରୁର
ନିରୀହ ନରମା ଡାଳ॥

ପ୍ରେମ ପକ୍ଷୀ ଦୁଇଟି
ବସା ବାନ୍ଧିଛନ୍ତି ଦେଖ
ସୁନ୍ଦର ସମ୍ଭାବନାରେ
କେମିତି
ଗଢ଼ିଛନ୍ତି ସଂସାର

ଦୁଃଖ ଓ ସୁଖର ଖରା
ପୋଇ ଚାଲିଛନ୍ତି ଅନବରତ
ସାରାଟା ଜୀବନକାଳ ॥

ଘର ଭିତରେ ଘର
ଯେଉଁଠି ଦୃଶ୍ୟ ହେଉଛି
ଦୁଃଖ ଓ ଯନ୍ତ୍ରଣାର
ଅଦ୍ଭୁତ ସମାହାର
ଚାଳକଣାରେ ଦିଶୁଛି
ଦୂର ଦିଗ୍‌ବଳୟ
ଅନନ୍ତ ଆକାଶ
ଘର ଭିରତକୁ
ପଶି ଆସୁଛି ବେଳେବେଳେ
ଚିତ୍ରିତ ଇନ୍ଦ୍ରଧନୁର
ଉଦ୍‌ଭାସିତ ରଙ୍ଗ ॥

କିନ୍ତୁ
ପ୍ରେମପକ୍ଷୀ ଦୁଇଟି
ଲୋଚାକୋଚା ବିଛଣା
ଉପରେ ଶୋଇ
ଭୋକର ସଂଗୀତ ଗାଇ
ପାଉଛନ୍ତି
ବିସ୍ମୃତ ଦୁଃଖର
ମୁଗ୍‌ଧ ଅନୁଭବ ॥

■

ନିଷାଦର ନିଶାଣରେ

ସେଦିନ କୁଆଡେ
ତୀର ବିଦ୍ଧ କରିଥିଲା
ନିଷାଦ,
କ୍ରୌଞ୍ଚ ପକ୍ଷୀର ଦେହକୁ,
ବାଲ୍ମିକୀ ମୁଖରୁ ସ୍ଫୁରିତ
ହୋଇଥିଲା
କରୁଣର କାବ୍ୟଭାଷା ।

ସେଇ କ୍ରୌଞ୍ଚ
ରୂପ ବଦଳାଇ ଦିନେ
ପହଁରୁଥିଲା ନୀଳ ଆକାଶରେ,
ବସା ବାନ୍ଧିଥିଲା କାହାର ଡାଳରେ
ଇନ୍ଦ୍ରଧନୁରୁ ସବୁ ରଙ୍ଗ ଆଣି
ମାଖି ହେଉଥିଲା ଦେହରେ,
ଉଡୁଥିଲା
ବିଭିନ୍ନ ଭଙ୍ଗୀରେ !

ନିଷାଦ କି ବୁଝିଥିଲା
ତା ମଧୁର ସ୍ୱରର ଭାଷା
କାହା ଆଖିରେ ଭରି ଦେଉଥିଲା
ସ୍ୱପ୍ନର ସୁରଭି,

ମନକୁ ମୋହିତ କରୁଥିଲା
ତାର ମାଦକତା !

ସେଦିନ ନିଷାଦ
ଧନୁଧରି ବାହାରି ପଡିଥିଲା
ବୀର ବେଶରେ,
ବୁହାଇଦେଲା ରକ୍ତ ନଦୀ,
ଉଜାଡିଦେଲା ତା ବସା ଘର ।
ଆସନ୍ନ ମୃତ୍ୟୁ ଅପେକ୍ଷାରେ
ପବନ ବିଞ୍ଚି ଦେଉଥିଲା ବିଷ,
କିଛି କ୍ଷଣର ବ୍ୟବଧାନରେ
ଧୂପ ପରି ଜଳିଗଲା
ତାର ଅବଶିଷ୍ଟ ଆୟୁଷ ।

ଆମେ ଶତ ପ୍ରତିଶତ
ଉଭା ହେଲୁ
ତା'ର ଶୋଭାଯାତ୍ରାରେ
ତ୍ରିବେଣୀ ସଙ୍ଗମର ପବିତ୍ର ଘାଟରେ
ବିସର୍ଜି ଦେଲୁ ସବୁତକ ଲୁହ
ଉଜାଣି ସୁଅରେ !

ଆମେ ସମସ୍ତେ ଏବେ ପାଲଟିଗଲୁ
ମାଟି ମୂର୍ତ୍ତି ପରି ନିର୍ବାକ, ନିସ୍ପନ୍ଦ,
ପୁଣି, କିଛି କ୍ଷଣ ପରେ
ଚାହିଁଲୁ ଆକାଶକୁ,
ଦେଖିଲୁ
ଧୂସର ଦିଗନ୍ତ ଆଡୁ
ଚିତ୍କାର କରି ଭାସି ଆସୁଛି
ଏକ କରୁଣ ଆତଙ୍କ ।

ଅସ୍ତ୍ର ଧରି ଠିଆ ହେଲୁ ଦମ୍ଭରେ,
ଏବଂ ଆମେ ସବୁ
ପାଲଟିଗଲୁ ଜଣେ ଜଣେ ଯୋଦ୍ଧା,
ଆଗେଇ ଚାଲିଲୁ
ପୁନଶ୍ଚ
ନିଷାଦର ନିଶାଣରେ ।

ଅନନ୍ତ ବାରିଧି

ଦିନ ମାସ ବର୍ଷ କାଳ କାଳର
ଆରମ୍ଭ ନାହିଁ ଅବା ଶେଷ
ସେ' ତ କାଳୋତ୍ତୀର୍ଣ୍ଣ
ପ୍ରଲମ୍ବିତ ଅନନ୍ତ ଅଦୃଶ୍ୟ ।।

ସମୟର ଦାମ୍ଭିକପଣ
ଏକାଙ୍ଗ ରାଜଚକ୍ରବର୍ତ୍ତୀ
ଆଭିଜାତ୍ୟ ଐଶ୍ୱର୍ଯ୍ୟରେ
ପ୍ରେମାପ୍ଲୁତ ଆବଦ୍ଧ ପ୍ରକୃତି ।।

ପ୍ରକୃତି ସଜାଇଥାଏ
ଚିରକାଳ
କୁଆଁରୀ କନ୍ୟାର
ବେଶ ଆଭୂଷଣ
ମସ୍ତକରେ ପଲ୍ଲବିତ
ଇନ୍ଦ୍ରଧନୁ ସମ
ନାନା ରଂଗୀ ପୁଷ୍ପର ସମ୍ଭାର ।।

ପାଦଦେଶରେ ଚଳମାନ
ନଦନଦୀ ପ୍ରବାହିତ
ରକ୍ତିମ ଅଳତାର ଧାର

ଆଭୂଷଣ ଆକଳନ
ବିନ୍ଦୁରୁ ସିନ୍ଧୁ ଦର୍ଶନ
ଲଲାଟରେ ପ୍ରଲେପିତ
ଦୃଷ୍ଟି ଦିଗ୍‌ବଳୟ
ସ୍ୱପ୍ନରେ ଆତୁର ମନ
ନିଦ୍ରାଯାଏ କୋମଳାଙ୍ଗୀ
ନିର୍ଲିପ୍ତ ସେ
ପିନ୍ଧିକରି ମାଟିର ବସନ॥

ଆନମନା ମନ ତାର
ଆବୋରିବ
ସମୟର ବିସ୍ତୀର୍ଣ୍ଣ ଛାତିକୁ
ଛୁଇଁଯିବ ସୃଜିବାକୁ
କ୍ଷୁଦ୍ର କାୟା, ନାନାବାୟା
ଗୀତ ରଚିବାକୁ॥

ଚେତନା ସ୍ଫୁରିତ ହେବ
ସମୟର ସାନ୍ନିଧ୍ୟରେ
ଜ୍ୟୋତ୍ସ୍ନା ଜାଗରଣେ
ପ୍ରାୟୋଜିତ ନିଧୁବନ
ଅଜସ୍ର ଅନିର୍ବାଣ
ତନ୍ଦ୍ରାରସ ପ୍ରାପ୍ତି ପାଇଁ
ଖୋଜାଲୋଡ଼ା
ଅମୃତ ଆଶ୍ଳେଷ॥

ପ୍ରକୃତିର ମଧୁର ମିଳନ
ପ୍ରାପ୍ତି ପାଇଁ ପ୍ରତୀକ୍ଷାରେ
ମ୍ରିୟମାଣ କାଳର କରାଳ
ପ୍ରିୟସଖା ଅନୁଭବି

ଧ୍ୱଂସିଲା ସେ ସମୟକୁ
ଷଡ଼ଖଣ୍ଡ କଲା
ବାୟୁର ହିଲ୍ଲୋଳ ।।

ନୀରବିତ ଶୂନ୍ୟ ମଣ୍ଡଳରେ
ଅକସ୍ମାତ୍ ଧ୍ୱଂସପ୍ରାୟ
ଶୁଣିଲା ସେ ଦୁନ୍ଦୁଭି ନିନାଦ
ଚକ୍ରୀଭୂତ ପ୍ରଳୟଂକର
ଘନଘୋର ବର୍ଷାର ତାଣ୍ଡବ
ପୁନଶ୍ଚ ପ୍ରକମ୍ପିତ
ଅଗ୍ନିସମ ଉତ୍ତପ୍ତ ବସୁଧା
ଶୈତ୍ୟର ପ୍ରକୋପ
ଲୀଳାଖେଳା ଶରତର
ହେମନ୍ତର ରାଗ
ପ୍ରବାହିତ କାଳବଳେ
ବହିଗଲା କେତେବେଳେ
ଅଜାଣତେ
ବସନ୍ତ ସମୀର ।।

ମହାଶୂନ୍ୟ ନୀରବତା
ଶୁଷ୍କପ୍ରାଣ ଆତୁରତା
କୋଟି କୋଟି
ଜୀବ, ବୃକ୍ଷଲତା
ଅଭିମାନେ ଅଦିନରେ
ଅଧୀରେ ହାରନ୍ତେ ପ୍ରାଣ
ପାଇବାକୁ ସାହଚର୍ଯ୍ୟ
ପ୍ରକୃତିର ପ୍ରିୟସଖା
ପ୍ରାଣର ଦୋସର ।।

ନିରବିତ ପ୍ରକୃତିକୁ
ଆଶ୍ୱାସନା, ପ୍ରବୋଧନା ଦେଇ
ଖଣ୍ଡିତ ସମୟ
ଜୀବନ୍ୟାସ ପାଇ
ଚଳମାନ ଋତୁ
ଗ୍ରୀଷ୍ମ ବର୍ଷା ଶରତ
ହେମନ୍ତ ଓ ଶୀତ
ପ୍ରବାହିତ କାଳ କାଳ
ଗ୍ରୀଷ୍ମ ଓ ବସନ୍ତ
ଭୋଗ୍ୟହେବ ଚିରକାଳ
ପ୍ରକୃତି ରାଣୀର ।।

ସେଦିନରୁ କାଳବ୍ୟାପୀ
ରମୁଅଛି ପ୍ରକୃତି ସେ
ସମୟ ସାଥିରେ
ଅମୃତ ବରଷୁଅଛି
ଅନନ୍ତ ବାରିଧି ସମ
ଲଭୁଅଛି କୋଟି କୋଟି
ଜୀବଜନ୍ତୁ ବୃକ୍ଷଲତା
ଆନନ୍ଦ ଉଲ୍ଲାସେ ।।

■

ସ୍ୱପ୍ନ ରମଣ

ସ୍ୱପ୍ନରେ ରମଣ କରିବା
ସ୍ୱପ୍ନରେ ମରଣ ବରିବା
ସ୍ୱପ୍ନ ଦେଖୁଥିବା ଲୋକପାଇଁ
ସବୁ ଏକାକଥା ।।

ପ୍ରତୀକ୍ଷାରେ
ବିତି ଯାଉଛି ଦିନ
ନିଃଶ୍ୱାସରେ
ସରିଯାଉଛି ଜୀବନ
କିଏ ଆସି ଶୁଣାଇବ
ବଂଶୀସ୍ୱନ
କେବେ ଆସି ପରଷିବ
ଅମୃତ ବ୍ୟଞ୍ଜନ ।।

କୁଆଡୁ ମାଡ଼ିଆସେ
କେଜାଣି
ଅମାନିଆ ପ୍ରେମ
କୁଆଡ଼େ
ହଜିଯାଇଛି ଯେମିତି
ପିଲାବେଳର
ଧୂଳିଖେଳ ଦିନ ।।

ନଈଘାଟ
ଆମ୍ବତୋଟା
ସ୍ମୃତିର ଅୟସ
ବିଲବନ, ହିଡ଼ବାଡ଼
କିଆବୁଦା
ନୂଆ ଫସଲ ପରି
ମାଡ଼ି ଆସେ
ପ୍ରୀତିର ପଉଷ ।।

ସାରାରାତି ଦେହନାଟ
ଚାଲିଥାଏ
ସାରାଦିନ
ଭୋକର ବେଉସା,
ଘୃଣା ଓ ବିରକ୍ତିରେ
ବିତୁଥିବା
କିଛିଟା ମୁହୂର୍ତ୍ତକୁ
ପିଠି ଆଡ଼େଇ
ତେଲ ଲୁଣ କିଣାବିକା ସାରି
ନିଧି ମାଇପ
ଏକମୁହାଁ
ଫେରୁଥାଏ ଭାଗ୍ୟକୁ ଆଦରି ।।

ନିଇତି କଟୁକଥା ଶୁଣେ
ମାଡ଼ଗାଳି ଖାଏ
ଛ'ପ୍ରାଣୀ କୁଟୁମ୍ବଙ୍କ
ପେଟପାଇଁ
ସେହିଁ ତ'
ଏକାକୀ ଭରସା ।।

ସବୁ ସୁଖ ପଛରେ
ଅଦୃଶ୍ୟ କାହାର ହାତ
ସବୁ ଦୁଃଖ ପଛରେ
ଈଶ୍ୱର ବିଶ୍ୱାସ
ପେଟରେ
ଭୋକଥିବା ମଣିଷ କୁହେ
ସବୁ ଏକାକାର ମୋ ପାଇଁ
ବିଶ୍ୱାସ ଓ ଅଦୃଶ୍ୟ
ରାତିର ସ୍ୱପ୍ନ ରମଣ ପରି
ବାସ୍ତବ ଓ ଅବାସ୍ତବ
ଦିନର ମରଣ।

∎

ଭାବଭିଜା ଅନ୍ଧାର

ମାଟି ମନସ୍କ ଶିଳ୍ପୀ
ଅବିରତ ତିଆରୁଥାଏ କଣ୍ଢେଇ
ସୁଖରେ
ଅବିରତ ଭାଙ୍ଗୁଥାଏ
ନୂଆକିଛି
ଗଢ଼ିବା ଇଚ୍ଛାରେ ।।

ଅନ୍ଧଗଳିରେ ଭରା
ଶୁଖିଲାପତ୍ର
ବାଟସବୁ କଣ୍ଟକିତ
ଏପଟ ସେପଟ ହୋଇ
ଭୂଆଁ ବୁଲାଇ ନେବାଭଳି
ମୁଁ ଚାଲିଛି ଯାଯାବର
ଠିକଣା ନଥିବା ଘର ।।

ଭାସି ଭାସି ଚାଲିଛି ନୌକାପରି
ମୋ ଜୀବନ ତରୀ
ନିଦାଘର ନିବିଡ଼ ତରୁର
ସନ୍ଧାନରେ
ଉବୁଟୁବୁ ହୋଇ
ଅପହଞ୍ଚ ଛାଇ ପଛରେ

ଧାଇଁଛି
ଶରାହତ ହୋଇ
ପାଇବାକୁ ପରିପୂର୍ଣ୍ଣ
ଅମୃତ ଆୟୁଷ ।।

ଗଢୁଛି ଭାଙ୍ଗୁଛି
ଢେଉଭଳି ସ୍ୱର୍ଣ୍ଣାଭ ତୋରଣ
ପାଇବାକୁ
ତରଙ୍ଗାୟିତ ମୁକ୍ତାର ଆଶ୍ଳେଷ ।।

ଭାବଭିଜା ଅନ୍ଧାରରେ
ଦିଶିଯାଏ ମୁହଁ
ତଥାପି
ଚାଲୁଥିବି ଏକାଏକା
ସାଥିକରି ଅମାନିଆଁ
ଜୀବ ଓ ଜଗତ ।।

ମୁଁ ଆହତ ପକ୍ଷୀ
ଗଢ଼ା ହେଉଥାଏ କାଳକାଳ
କଣ୍ଢେଇ ରୂପରେ
ମୁଁ ଚଳମାନ ଶକ୍ତି
ଭାଙ୍ଗିଗଢ଼ି ନୂଆ ରୂପେ
ଦୃଶ୍ୟ ହେଉଥାଏ
ସମୟ ସାଥିରେ ।।

■

ଶବ୍ଦଭ୍ରଷ୍ଟ

ମାଟି ଫଟେଇ ଅଙ୍କୁରିଥିବା
ଚାରା ଗଛମାନଙ୍କ ପରି
ପେଟରୁ
ପାଟିରୁ
ସ୍ଫୁରିତ ହେଉଥିବା
ଶବ୍ଦମାନଙ୍କର
ଆକୁଳ ଚିତ୍କାର
ଆଉ ସହି ହୁଏନା ।।

କର୍ଫ୍ୟୁର ଘୋଷଣାନାମାରେ
ଆପେଆପେ
ଆଉଜି ଆସୁଥିବା
ଝରକା କବାଟ ପରି
ଅଘୋଷିତ କଳଙ୍କରେ
କଳଙ୍କିତ
ଶବ୍ଦର ସମାହାରକୁ
ଉଦ୍‌ବୋଧନ ସଂପାନ
କଥା କଲମରେ
ଆଉ ସ୍ଥଗିତ ରଖିହୁଏନା ।।

ଏମିତି ଏକ ଦୁର୍ବିସହ
ଘଟଣାରେ
ଜର୍ଜରିତ ଶବ୍ଦ ବିନ୍ଧାଣିଙ୍କ

ଆକୁଳପଣର
ଦୀର୍ଘ ନିରବତା
ମହାନୁଭବଙ୍କ ତୁଣ୍ଡରୁ
ନିସୃତ ବାଣୀରେ
ଛଳନାର ମାର୍ମିକ ଉପସ୍ଥାପନା
ଯେଉଁଠି କ୍ରୁର କପଟତାରେ
ବାନ୍ଧି ହୋଇଯାଏ
ଜୀବନ ଜିଇଁବାର ଧାରା
ଏସବୁ କିଛି
ଭଲ ଲାଗେନା ।।

ଖୋଲାପଣରେ
କବି ବୋଲାଉଥିବା ମଣିଷ
ସଚରାଚର ଆତଯାତ
ନଥାଏ ସେଠି
ସମାଜ ବନ୍ଧନ
ଅବା
ମୁକ୍ତିର କାରାଗାର
ମୁକ୍ତ ଆଲୋକରେ
ଅହଂତ୍ୱର ବାହୁଛାୟାରେ
ଦିନ ବିତୁଥାଏ ଖାଲି
କାଳକୁ କାଳର ଜୀବନ ।।

ଶାରଳାଙ୍କ ଅଭିମନ୍ତ୍ରିତ
ଶବ୍ଦପୁଂଜ
ରୂପଶ୍ରୀ ରାଗିଣୀ
ଲାବଣ୍ୟବତୀ
ତପସ୍ୱିନୀ କାଳବଳେ
ଠିଆ ସେଠି

ଦୈବିକ ଆସ୍ଥାନ
ଚନ୍ଦ୍ରମାର ଚୁଡ଼ିର
ରୁଣୁଝୁଣୁ ଶବ୍ଦର ଡାକରାରେ
କେମିତି ଝଲସୁଥାଏ
ପରିବ୍ୟାପ୍ତ
ସମଗ୍ର ବାୟୁମଣ୍ଡଳ ।।

ଶବ୍ଦବ୍ରହ୍ମ ଦିବ୍ୟ ଆତ୍ମା
ନୀରବ ନିଥର ହୋଇ
ଏକାଧାଡ଼ିରେ
ଠିଆ ସେଠି
ସଂଗୋପିତ ଅନ୍ତରୀକ୍ଷରେ
ଅଖଂଜ ରାଗରାଗିଣୀ ପରି
କିଏ କାହୁଁ ଆକୁଳରେ
କରନ୍ତି ପ୍ରାର୍ଥନା
ଆସ ଆସ ଦିବ୍ୟାଙ୍ଗରୁ
ଓହ୍ଲାଇ ଆସ
ଶବ୍ଦ ପୁଂଜମାନେ
ମାୟାର ପୁଲକ କାଟି
ଇନ୍ଦ୍ରଧନୁର ବର୍ଣ୍ଣିଳ ସୁଷମା
ଭେଦି
ତଳକୁ ଓହ୍ଲାଇ ଆସି
କବିକୁଳ ଚେତନାର
ଚୌହଦୀକୁ
ଅଭିମନ୍ତ୍ରିତ କର
ଉତ୍ତରିତ ଭାବସତ୍ତା
ବିଚ୍ଛୁରିତ ହେଉ
ସଚରାଚର ।।

ଶୋକାକୁଳ ଜନ

ପୃଷ୍ଠା ଓଲଟାଇଲେ
ବଦଳିଯାଏ
ଚିତ୍ରମୟ ଇତିହାସ
ସମୟ ଗଡ଼ିଗଲେ
ଉଚ୍ଚାରଣରେ
ଆସିଯାଏ ଭିନ୍ନତା
ଆତ୍ମା ଖୋଲି ଦେଲେ
ଆପଣାପଣରେ
ଭରି ହୋଇଯାଏ ବିଶ୍ୱାସ ।।

ମାଟି କାମୁଡ଼ା ମୁହଁ
ଖଣ୍ଡ ପାହାଡ଼ ଦେହରେ
ଚିତ୍ର ଅଙ୍କିତ ଲିପି
ପାହାନ୍ତା କୁହୁଡ଼ିର
ଶୂନ୍ୟ ଢେଉରେ
ରେଖାଙ୍କିତ ଦେହ
ଗହନ ଅରଣ୍ୟରେ
ଶିହରିତ ବନସ୍ପତିର
ଅହେତୁକ ସୁଗନ୍ଧ ।।

ବାଲି ବିଛଣାରେ ସ୍ୱୀକୃତ ଫଳକ
ଦିଗନ୍ତ ବିସ୍ତାରି ଚେତନାର

ଅନନ୍ୟ ଚାତୁରୀ
ଦେହମୂଳରେ
ଦୃଶ୍ୟମାନ ହୁଏ କାଂଗାଳପଣ
କାଂଗାଳ ବିଚରନ୍ତି
ଏଣେତେଣେ
ନଅଙ୍କ ଦୁର୍ଭିକ୍ଷରେ
ଭ୍ରମୁଥାନ୍ତି କ୍ଷୁଧିତ କଂକାଳ ॥

ଜୀବନ ସଂଗୀତର
ରାଗ ବିଲକ୍ଷଣ
ପୃଥ୍ୱୀ
କ୍ଷଣ କ୍ଷଣକେ ଆନ
ଆତଙ୍କରେ ବିମଣ୍ଡିତ
ଲଣ୍ଠିତ ମସ୍ତକ
ଭୃକୁଞ୍ଚନ ଭୃଭଙ୍ଗୀରେ
ବିତିଯାଏ କାଳ ॥

ଅନ୍ଧକାରରେ
କାୟାକଳ୍ପ ଚିତ୍ରଲୋକ
ଅର୍ଦ୍ଧସତ୍ୟର ରଣାଙ୍ଗନରେ
ଖଣ୍ଡ ପ୍ରଳୟର
ଝନତ୍କାର ॥

ଦୃଶ୍ୟାନ୍ତରରେ ଶୁଭୁଥାଏ
ରୁଣୁଝୁଣୁ କରୁଣ ସଂଗୀତ
ବିଷର୍ଣ୍ଣ ବଦନରେ
ବସିଥାନ୍ତି ନୀରବିତ
ଶୋକାକୁଳ ଜନ ॥

ଦୁଆରବନ୍ଧରେ ଠିଆ
କାଳର ପ୍ରପଞ୍ଚ
ହର୍ଷଧ୍ୱନି ନିନାଦିତ
ଦିଗ ଦିଗନ୍ତ
ଅପହଞ୍ଚ ପ୍ରତେ ହୁଏ
ଅପୌରୁଷେୟ
ଚରିତ୍ର ଚିତ୍ରର ॥

ପୌରୁଷ ବଜାଉଥାଏ
ପାଞ୍ଚଜନ୍ୟ ରଣାଙ୍ଗନେ
ପାଳିତ ହୁଏ ବିଜୟ ଉଲ୍ଲାସ ॥

ପୃଷ୍ଠା ଖୋଲିଲେ
ବିଦୀର୍ଣ୍ଣ ପୃଥିବୀର ଦୃଶ୍ୟ
ପୃଷ୍ଠା ଓଲଟାଇଲେ
ଉକୁଟି ଉଠେ
ଇନ୍ଦ୍ରଧନୁର ବର୍ଣ୍ଣିଳ ଆବେଶ ॥

■

ରୋମିଲାର ସଂସାର

ରୋମିଲାର ଭାତହାଣ୍ଡିରେ
ଟକ୍ ଟକ୍ ଫୁଟୁଛି
ପୁଞ୍ଜିଭୂତ ଅସଜଡ଼ା କୋହ
ବାମ୍ଫ ଭିତରୁ ଦିଶୁଛି
ଡେଣାକଟା କୁକୁଡ଼ାର
ଅଦୃଶ୍ୟ ଉଡ଼ାଣ ।।

ତା'ଘରର ଫଟା କାନ୍ଥରେ
ଚିତ୍ରିତ
ବିଚିତ୍ର ବର୍ଣ୍ଣର ଦୁର୍ବୋଧ
ପ୍ରେମ କବିତା
ନିଶାର୍ଦ୍ଧରେ ବାହୁଡ଼ି ଆସୁଛି
ଗେରସ୍ତ ରାମୁ,
ହିଂସ୍ରତାରେ
ରୋମିଲା ଟାଣି ଆଣୁଛି
ପାଖକୁ
କୁନି କୁନି ମଲାକୁକୁଡ଼ାର ପରକୁ ।।

ତା' ଲୁହରେ ଆଙ୍କି ହେଇଯାଉଛି
ଏକ ପରାଜୟର ଚିତ୍ରଲିପି
ନିଜ ନିଃଶ୍ୱାସର ଉତ୍ତାପରେ

ସିଝି ହେଇ ଯାଉଛି
ତା' ପିଲାଙ୍କର
କୋମଳ ନରମ ମୁହଁ
ବାଡ଼ି କବାଟ ଠିଆ ମେଲା
ପଞ୍ଜରା ହାଡ଼ରେ
ଗଣି ହେଇ ଯାଉଛି
ଆକାଶରେ ତାରା ।।

କଞ୍ଚନ ଟଗର ମାଳ ଧରି
ସେ ଆସିଲେ
ପିନ୍ଧାଇବାକୁ ସୁଖର ପରଶ
ଦେହ ଦେଉଳରେ
ସଜାଇଦେଲେ ଫୁଲ
ମେଣ୍ଟାଇ ଦେଲେ
କ୍ଳାନ୍ତ ମୁହଁର ଶୋଷ
ଆବୃତ୍ତି କଲେ
ପ୍ରେୟସୀ, ଶ୍ରେୟସୀ ରାଧା
ମୁଁ କିନ୍ତୁ ପାଇଲି ଚିରକାଳକୁ
ଗଙ୍ଗା ତୁଳସୀ ଜଳ ।।

ଉଠ୍ ରାମୁ, ଉଠ୍ ଉଠ୍
ଆଲୁଅକୁ ଅନ୍ଧାର ଗିଳିବା ଆଗରୁ
ଖାଇ। ନେ ତୁ'
ପ୍ରସ୍ତୁତ ହେଲାଣି ଭାତ ଓ ତିଅଣ
ପିଲାମାନେ ଭୋକରେ ଆତୁର ହେଲେଣି
ଖାଇବାକୁ ଚାହିଁଛନ୍ତି
ମୋ ଦେହର ମାଂସ ପଲପଲ ।।

■

ସର୍ଜନା

ଏବେ ତ ଅସ୍ତଗାମୀ ସୂର୍ଯ୍ୟର
ବାହୁଡ଼ିବାର ବେଳ
ବାହୁଡ଼ିବେ କ'ଣ
ପୁରା ବିଳୟ ହେବାର କାଳ ॥

ପ୍ରେମିକାର ଗାଲରେ ଚିତ୍ରିତ
କଳାଜାଇର ଛାପ
ତମହାତ ପାପୁଲିରେ ବୃହସ୍ପତି
ଓଠରେ ସ୍ମିତପିନ୍ଧା ଗୋଲାପ ପାଖୁଡ଼ା
ଦେହ ଦେହରେ ପିଲାଦିନର ଦାଗ
ଆଉ ବାଣ୍ଟିପାରିବିନି କାହାକୁ
ଆସିଲାଣି
ପବନରେ ମିଳେଇଯିବାର
ମୁହୂର୍ତ୍ତ ॥

ଆମେ ଆଉ କେବେ କହିବାନି
ଚର୍ଚ୍ଚିଲ ଅବା ଆଲେକ୍‌ଜାଣ୍ଡାରର
ବୀରତ୍ୱ କାହାଣୀ
ଶୁଣିବାନି କୃଷ୍ଣ ଅର୍ଜୁନଙ୍କ
ଜ୍ଞାନପୂର୍ଣ୍ଣ ହୀତବାଣୀ
ଦେଖିବାନି କେବେ

ରାମ ରାବଣ ଯୁଦ୍ଧର ବିଭୀଷିକା
ଶୁଣିବାନି
ଚାଇନା ଓ ଇଟାଲୀର ଚମତ୍‌କାରିତା
ପାକିସ୍ଥାନର ବାହାସ୍ଫୋଟ
ଅବା -
ଆତଙ୍କବାଦୀର ଲୁଟତରାଜ
ଘୋଷିବାନି ବି କେବେ କେଉଁକାଳେ
ବୁଦ୍ଧ ଶିଖାଇଥିବା ମନ୍ତ୍ର ।।

ଏମିତି ଏକ ଆତଙ୍କିତ
ମୁହୂର୍ତ୍ତରେ ବଲବଲ୍ ହୋଇ
ତମକୁ ଦେଖୁଥିବି କିଛିକାଳ
ପଚାରିବି କିମିତି ଥାଏ
ଅନ୍ଧାର ଆଉ ସୂର୍ଯ୍ୟାଲୋକର ରଙ୍ଗ
କିମିତି ଥାଏ ମୃତ୍ୟୁପରେ
ଜୀବ ଯିବାର ଘର ।।

ତମେ ଥିବ ନୀରବ ନିଶ୍ଚଳ
ନିରସ୍ତ୍ର ପ୍ରହରୀ
ହାତ ଠାରି ଦେଖେଇଦେବ
ଦେଖ ପ୍ରାଣପକ୍ଷୀ ଉଡ଼ିଗଲା
କାଲିରାତିରେ
ଆଗଘର ଚାରି ମହଲାରେ ।।

ମିଳେଇଗଲା ମହାଶୂନ୍ୟରେ
ଲୋହିତ ବର୍ଣ୍ଣର ଏକ ଛାୟା
ଆକାଶରେ ଉଡ଼ିଗଲା ଗ୍ରହ ଗ୍ରହାନ୍ତର
ଅଦୃଶ୍ୟ ହେଇଗଲା ଶୂନ୍ୟମଣ୍ଡଳ
ତଥାପି ଆମ ଆଖି ଉହାଡ଼ରେ,

ସ୍ଥିର ହୋଇଗଲା କେଉଁଠି
ବୋଧେ ଆକାଶରେ ତାରା ପାଲଟିଲା ।।

ଏବେ କୁହ ? କୁହ ତ
ଆମେ କଉଁଠି ଅଛୁ
ତମ ଭିତରେ ମୁଁ
ନାଁ ମୋ ଭିତରେ ତମେ
ଲୋଭରେ ନା ଲାଭରେ
ଈର୍ଷାରେ ନାଁ ଦମ୍ଭରେ
ଅନୁରାଗରେ ନା ବିରାଗରେ
ଆସ
ପୃଥିବୀ ବିଲୀନ ହେବା ଆଗରୁ
ଆମ ଦୁହିଁଙ୍କ ରକ୍ତରେ
ଥରେ ହେଲେ ଜାଳିଦେବା
ନୂଆ ସର୍ଜନାର ଦୀପଟିଏ ।।

ଚଉକାଠରେ ଚିରକାଳ

ଚଉକାଠରେ ଚିରକାଳ ଠିଆ
ମନ୍ତ୍ରମୟ କାଳଫାଶ ॥

ଦୁଆର ଏପଟେ
ଗଭୀର ରାତିର ବିକଟାଳ ଧ୍ୱନି
ଦୁଆର ସେପଟେ
ଦିଗନ୍ତ ବ୍ୟାପୀ
ଆକାଶେ ନୀରବତା ॥

ଘମାଘୋଟ ଲଢ଼େଇରେ
ଯନ୍ତ୍ରଣା ଜର୍ଜ୍ଜର
ବାଜୁଥାଏ ଅହର୍ନିଶ
ସଂକୀର୍ତ୍ତନ ହୁଳହୁଳି
ଦୁଃଖ ଗାଏ ସୁଖର ସଂଗୀତ
ପିଇଯାଏ ମିଛି ମିଛିକା
ସୁଖର ଗରଳ ॥

ଦୁଆର ଏପଟେ
ପବନ ବହିଚାଲେ ବିସ୍ଫୋରଣର
କାମାନ୍ଧ ମଣିଷ
ଜିଇଁଚାଲେ ଜୀବନ

ଅଭାବ,ଅନଟନ
ଦୁଃଖ ଦାରିଦ୍ର୍ୟର ॥

ଈର୍ଷା, ହିଂସା
ଆତ୍ମ ପ୍ରଶଂସାରେ ଜୟ ଜୟକାର
ଲଜ୍ଜା ଭୟ କାରୁଣ୍ୟରେ
ମଥାନତ ଜୀବନ ଯାତ୍ରାର ॥

ଚଉକାଠରେ ଠିଆ ଶାନ୍ତ, କାନ୍ତ ପବନ
ମୌନତାରେ ଚିତ୍ରମୟ
ଚିତ୍ର ରେଖାଙ୍କିତ
ଦୁଆର ସେପଟେ
ଉତ୍ତାଳ ପବନ ॥

ଦୁଆର ଆର ପାଖରେ
ଲହଲହ ସ୍ୱର୍ଣାତୁର
ଲମ୍ବୁଥାଏ ଯୋଗିନୀର ଜାନୁ
ନୀରବତାରେ କାମାନ୍ଧକୁ
ଓଟାରିଆଣେ
ନିଷାଦ ପରି ଶବାଧାରକୁ ॥

ଆଚମ୍ବିତ ଦ୍ୱାରବନ୍ଧ
ଆବାହନ କରେ ଚିତ୍ର ପ୍ରତିମାକୁ
ନିରୀହପଣରେ
ଧାଡ଼ିବାନ୍ଧି ସୁନାପିଲା ପରି
ଚାଲିଥାନ୍ତି ସଭିଏଁ,
ପ୍ରବହମାନ ଗତିରେ
ବିନା ପ୍ରତିବାଦରେ
ଶବ୍ଦ ସବୁ ହୋଇଥାନ୍ତି ସ୍ଥିର ॥

ଚଉକାଠରେ ଠିଆ ହୋଇ
ମଧ୍ୟବର୍ତ୍ତୀ ସୀମାନ୍ତରେ
ଦୃଶ୍ୟମାନ ହୁଏ
ବିବିଧତାରେ
ଅନ୍ଧାର ଓ ଆଲୋକର
ଦିଗନ୍ତ ଦିଗନ୍ତ ବ୍ୟାପୀ
କେଉଁ ଏକ ସୂକ୍ଷ୍ମତାରେ
ଝଟକୁ ଥାଏ ଜ୍ୟୋତି
ଆଲୋକ ବର୍ତ୍ତିକାର ।।

ଦେଖ,
ଚଉକାଠରେ ଚିରକାଳ
ବନ୍ଧା କାଳଫାଶ
କେଡ଼େ ନିର୍ବିକାର
କଳାପର୍ଦ୍ଦାର ଆଢୁଆଳରେ
ରେଖାଙ୍କିତ ଚିତ୍ର ନ୍ୟାୟମୂର୍ତ୍ତିର
ଅସ୍ପଷ୍ଟ, ଅଦୃଶ୍ୟ ।।

■

ଇଚ୍ଛାବତୀ

ଦେହ ଦେଉଳ
ଅତିକ୍ରମି
ଗଭୀର ଅନ୍ଧାର ରାତିର
ନିର୍ଜନତାକୁ ଭେଦି
ଭିକ୍ଷାଥାଳ ବଢ଼ାଇ
ପୂର୍ଣ୍ଣତାର ମନ୍ତ୍ର ଉଚ୍ଚାରିଲେ
ସେଦିନ ବୋଧିସତ୍ତ୍ୱ ॥

କେତେପାଦ
ପାହାଚ ଉପରେ
ଠିଆ ସେଇ ଇନ୍ଦ୍ରିୟାସକ୍ତିର
ଅସଂଜତ ଅନିର୍ବାଣ
ପ୍ରଜ୍ୱଳିତ ଶୂନ୍ୟମଣ୍ଡଳରେ
ବୋଧିସତ୍ତ୍ୱ ସଂଜ୍ଞା ବଦଳିଲେ ॥

ପ୍ରଶାନ୍ତ ନିଳୟ ଦ୍ୱାର
ଗଭୀର ନୀଳ ଜଳରାଶି
ଅରଣ୍ୟର ସବୁଜିମା
ଦେହଧାରୀ ସ୍ଥୁଳଚକ୍ଷୁ
ଦେଖୁଥିଲା / ସୃଜୁଥିଲା
ଅପରିସୀମ ଚକ୍ରାକାର

ଜଳୁଥିଲା
ହୁତ୍‌ହୁତ୍ ଅପୂର୍ଣ୍ଣତାର ବହ୍ନି ।।

ଲଣ୍ଠିତ ମସ୍ତକ
ଖପୁରୀ ଖର୍ପର
ସବୁକାଳେ ସବୁଠାରେ
ନିମଜ୍ଜିତ ସ୍ୱପ୍ନଭରା
ଆଲୋକମାଳା
ତା' ଭିତରେ ଗୈରିକ ବସନ
ପିନ୍ଧି / ଲହଡ଼ି ଆସିଲାପରି
ଇଚ୍ଛାବତୀ
ମାଡ଼ି ଆସେ ଅନ୍ଧାରରୁ
ଆତଙ୍କିତ ଗଛବୃଚ୍ଛ
ଉଦ୍‌ଭାସିତ ଦୀପଶିଖା
ଜ୍ୟୋତିର୍ମୟୀ ପ୍ରାଣ
ପରିବ୍ୟାପ୍ତ
ଭୂମିରୁ ଭୂମାକୁ ।।

ଜୀବନର ଦୋଛକିରେ
କୁହୁଡ଼ିର ଘନ ଆସ୍ତରଣ
କାମନା ପରାହତ
ଅତୀନ୍ଦ୍ରିୟ ମାନଚିତ୍ର
ମାଟିର କଣ୍ଢେଇ ପରି
ଇଚ୍ଛାବତୀ ଲୋଟିଯାଏ
ଅନତିକ୍ରମ ନିର୍ବାଣ ପ୍ରାପ୍ତିରେ
ଶାନ୍ତି ଲଭେ କାଳ କାଳକୁ
ସୁସୁପ୍ତିର ବଳୟ ଭିତରେ ।।

■

ଏକାକୀତ୍ୱ

କଥା ସାଇତା ରହିଛି ଶବ୍ଦରେ
ସ୍ମୃତି ସବୁ ବିସ୍ମୃତ ହୋଇଛି
ନିରବତାରେ ।।

ସାରା ଆକାଶ ଥିଲା
ପ୍ରେମାସକ୍ତ ହୃଦୟର
ବିମୋହିତ ଆସକ୍ତି ପଣ
ସବୁ ଅଙ୍ଗ ଅବୟବ
ଦଂଶୁଥିଲା ସେଇ କୋମଳ ଆବରଣ
ଶବ୍ଦରେ ସ୍ପର୍ଶରେ ଗନ୍ଧରେ
ଅଙ୍କୁରିତ ହେଉଥିଲା
ମହମହ ନିନାଦିତ ସୁଗନ୍ଧ ଚନ୍ଦନ ।।

ଭକ୍ତି ଆଉ ଭାବ ବନ୍ଧନରେ
ଝଟକୁଥିଲା ପ୍ରେମର ପ୍ରଜ୍ୱଳିତ ଶିଖା
କୋହ ଆଉ ଭୟରେ ଇତସ୍ତତଃ
ଅପେକ୍ଷମାଣ ବିରହପଣ
ଭାବ ସମୁଦ୍ରରେ ଆନମନା
ଉବୁଟୁବୁ ନାବିକ ପରି
ଲହଡ଼ି ଭାଙ୍ଗୁଥିଲା ଚିରକାଳ
ଖୋଜୁଥାଏ ପ୍ରେମ ବୃକ୍ଷର
ଶାଖା ଓ ପ୍ରଶାଖା ।।

ନୀଳ ସମୁଦ୍ରରେ
ଲହଡ଼ି ଭାଙ୍ଗୁଛି ଏବେ ଏକଲାପଣ
ଦେହର ବନ୍ଧନରୁ ହୁଗୁଳି ପଡ଼ିଛି
ନିବିଡ଼ ଆଲିଙ୍ଗନ ॥

ଦିନେ ଦିନେ ଦୃଶ୍ୟରେ
ରଂଗ ବଦଳିଯାଏ
ସ୍ପର୍ଶରେ ଭ୍ରମର ଗୁଣୁଗୁଣାଏ
ଆଖିରେ ଆଖିଏ ସ୍ୱପ୍ନ ନେଇ
ନିଦ ହଜିଯାଏ
ଭାବନାରେ କଳ୍ପିତ ଈଶ୍ୱର
ବାରମ୍ବାର ମୁଦ୍ରା ବଦଳୁଥାଏ ।

ସମୟର ଅବଗୁଣ୍ଠନରେ ହଜିଯାଏ
ଲାଜ ଭୟ ପାପର ପ୍ରଳୟ
କାଳର ଅବର୍ତ୍ତମାନରେ
ଝାସଦିଏ ସୁଖ ସମୁଦ୍ରରେ
ବିସ୍ତାରିତ ଜୀବନ ॥

ଅସୀମ ବିଶ୍ୱାସଭରା ଜୀବନରେ
ମୁଁ ସର୍ବଶ୍ରେଷ୍ଠ ବିମୁଗ୍ଧ
ପୂଜାରୀ / କୁଆଡ଼େ ହଜିଗଲା
କାଳ ବକ୍ଷରେ / ତପସ୍ୱିନୀ
ବାହୁବଳେ ତେଜୋଦୀପ୍ତ
ନିର୍ଲିପ୍ତ ଚାହାଣୀ ।

■

ଜହ୍ନରାତି

ଏଇ ଶୁକ୍ଳପକ୍ଷ ଜହ୍ନରାତିରେ
କାକୁସ୍ଥ ପଣରେ ଠିଆ ମୁଁ ।

ଆଉ ତୁ ଯୁଦ୍ଧ ଜୟକରି
ଆତ୍ମ ବିଭୋର ହେଲା ପରି ଖୁସିରେ
ତୋ ମାଆର ପଣତ ଘୋଡେଇ ହେଇଛୁ ।

ମାର୍ତ୍ତଣ୍ଡ ସୂର୍ଯ୍ୟକୁ ଗିଳି ଦେଉଛି,
କ୍ରମଶଃ ଗୋଧୂଳିର ସଂଜ,
ତୁ ବେଫିକର ହସି ଚାଲିଛୁ,
ଓ ଲୁଚି ଲୁଚି ଦେଖୁଛୁ,
କେମିତି ଜଳିଯାଉଛି
ନରମ ସଂଜର ଭଗ୍ନାଂଶ ।

ମିଠା ଆଲୁଅରେ
ମିଠା ପାଲଟୁଥିଲା ତମାମ୍ ମୁହଁ,
ପରାଜୟର ଆତ୍ମଗ୍ଲାନିରେ
ମୁଁ ଖସୁଥିଲି ତଳକୁ ତଳକୁ,
ଜହ୍ନ ମାଡି ବସିଲା
ମୋ ସାରା ଶରୀରକୁ ।

ପାପୁଲିରେ ଲାଗିଥିବା
ଚୁମ୍ବନର ଦାଗ,
ନାଲି ଅବିର ପରି
ଛାଇଯାଇଛି ସାରା କାନ୍ଥ,
ସେଇ କାନ୍ଥରେ
ଲେସି ହେଇଗଲା
ମୋ କ୍ଷତାକ୍ତ ପୌରୁଷ
ତିଆରୁଥିଲା ନିଜ ଭିତରେ
ବିଚିତ୍ର ରଙ୍ଗରେ
ଏକ ଧର୍ଷିତ ମାନଚିତ୍ର ।

ମୁଁ ଜାଣିନି ଏ ଜହ୍ନରାତି
ଆଉ କେବେ ଆଇବ କି ନାହିଁ,
କିନ୍ତୁ
ଦେହଯାକ ଭରି ଦେଇଛୁ
ଆତ୍ମଗ୍ଲାନିର ଶୋକ
ତୁ' ସେଇଠି ଥିବୁ
ଏବଂ ଦେଖୁଥିବୁ ଦର୍ପଣକୁ
ତୋ' କପଟତାରେ
କେମିତି ହଜି ଯାଉଛି
ମୋ ଉଆଁସ ରାତିର
କଳା କଜ୍ଜଳ,
ଏବେ ଜରାୟୁରୁ ଖାଲି ଝରି ପଡୁଛି
ବିଷମୟ ବିଷାକ୍ତ ଜହର ।

ସ୍ୱର୍ଗଦ୍ୱାର

ସିଂହଦ୍ୱାରର ଭିଡ କାଟି
ଏବେ ଧାଡିବାନ୍ଧି ଚାଲିଛନ୍ତି
ସମୁଦ୍ର ମୁହାଁ ଦଳେ ଲୋକ,
ଯେଉଁଠି ହାତ ବଢାଇଲେ
ଛୁଇଁଯାଏ,
ସ୍ୱର୍ଗ ଓ ମର୍ତ୍ତ୍ୟର ଅନନ୍ୟ ନିଳୟ ॥

ଚିର ନିଦ୍ରାରେ ଶୁଆଇବାକୁ
ସ୍ୱାଗତ ମୁଦ୍ରାରେ ଠିଆ
ଶ୍ରୀକ୍ଷେତ୍ରର ସ୍ୱର୍ଗଦ୍ୱାର,
ଆତିଥ୍ୟ ଦେଇ ଆସୁଛି
କାଳକାଳ କାଳ ନିରନ୍ତର ॥

ପାଖରେ ବହି ଚାଲିଛି ଝଡ,
ଫୁଲି ଉଠୁଛି
ସମୁଦ୍ରର ଉତ୍ତାଳ ତରଙ୍ଗ,
ଦୃଶ୍ୟମାନ ରକ୍ତମୁଖା ରାତିର
ବିଭତ୍ସ ତାଣ୍ଡବ
କାଳ ଡାକୁଛି ଆ ଆ,
ଆଶ୍ଚର୍ଯ୍ୟ ଅପରିମିତ,
ଦୂରାଗତ, କେଉଁଠୁ ଆସିଛୁ କହ ॥

ତମକୁ ତ କେଉଁ କାଳେ
କେବେ ବି ଦେଖିନି,
ଅଦ୍ଭୁତ ବେଶରେ ନାଚ ପାର୍ଟିରୁ
ବାହାରି ଆସିବା ପରି
ଧୂସରିତ ଆବୃତ୍ତ ଶରୀର,
ନାହିଁ କେହି ଜ୍ଞାତି ପରିଜନ,
ବାଛି ନେବାକୁ
ତମ ଶୋଇବା ଘର ॥

ତମକୁ ଦେଖି
କାକୁସ୍ଥ କଙ୍କାଳମାନେ
ଚିତ୍କାର କରନ୍ତି
ତୁମେ ଅଚିହ୍ନା, ଅଛୁଆଁ
ନାହିଁ ତମ ପାଇଁ
ଝୁଣା ଧୂପ କି ନୈବେଦ୍ୟ,
ଏ ସ୍ୱର୍ଗପୁରୀରେ ତମେ ତ'
କଳାର କଳଂକ ॥

ତମ ଉପରେ କାହାର ବି ନାହିଁ
ସ୍ନେହ ବୋଳା ଆପଣାପଣ,
କେହି କେବେ ଡାକିନି
ଆତିଥ୍ୟ ଦେବାକୁ,
ତମ କୁଣିଆମାନଂକର ଘର
ତମ ଛାଇପଡିଲେ ଛଅଁନ୍ତା,
ତମ ନିଃଶ୍ୱାସରେ ବିଷାକ୍ତ ଲହର
ବଢିଛି ନଖ, ଦାନ୍ତ, ଲୋମ
ତମେ କାହିଁକି କାଳ ପାଲଟିଲ ?

ହଁ ମୋ ଘର ତ
ସ୍ୱର୍ଗ ଓ ନର୍କର ପ୍ରବେଶ ଦ୍ୱାର,
ସିଂହଦ୍ୱାରର ଅତିଥି,
ଆଜି ଯେତେବେଳେ
ଆତିଥ୍ୟ ନେବା ପାଇଁ
ଆସିଛ ମୋ କୋଳକୁ,
ବହୁ ସତର୍କତାରେ
ତମକୁ ପଥ ଦେଖାଇ ଦେବି
ଦୂର ଦିଗବଳୟରେ ଥିବା
ସେଇ ନର୍କ ଦ୍ୱାରର ମାର୍ଗକୁ ।

ଯାତ୍ରା

ଆଗକୁ ମାଡ଼ି ଯିବାର ଅଛିନା ।।

ଆଗକୁ ମାଡ଼ି ଯିବାଟା ତ ଜୀବନ
ଶିଶୁରୁ କୈଶୋର,
କୈଶୋରରୁ ଯୁବକ
ନାଁ ତା' ଆଗକୁ ନୁହଁ
ବୃଦ୍ଧ ହେବାକୁ
ଆମେ ଜମା ପସନ୍ଦ କରୁନା ।।

ଆଗକୁ ପାଦ ବଢ଼େଇବା ଭଲ
ପ୍ରେମରେ / ପ୍ରାର୍ଥନାରେ
ଭୟରେ
ଯାହାବି ହେଉ
ଚରୈବତୀ, ଚରୈବତୀ ।।

ହଁ, ଦୂର ଦିଗ୍‌ବଳୟକୁ ତ ଲମ୍ବିଛି
ଯୋଜନ ଯୋଜନ ପଥ
କ୍ଷୁଦ୍ର ସୀମାକୁ ଅତିକ୍ରମ
କରିବାକୁ ହେବ ।।

କିନ୍ତୁ ଏତେ ବୋଝ ମୁଣ୍ଡରେ
ମୁଣ୍ଡାଇ, ଯାତ୍ରା କରିବା

ସତରେ ଭାରି କଷ୍ଟ ।।

ବୋଝ କ'ଣ କି ?

ପିଲାଦିନ, ଅଭାବ ଅନାଟନ
ସ୍ମୃତି ବିସ୍ମୃତି
ଶିକ୍ଷା, ସଂସ୍କାର, ପରିବାର
ପୁଣି ବିଗତ ଦିନର ରାତି
ସାତ ସପନର ସ୍ଥିତି ।।

ସକଳ ଐଶ୍ୱର୍ଯ୍ୟ
ସକଳ ମାୟାପୁରୀ
ସବୁକୁ ସାଉଁଟି
ବାଟ ଚାଲିବାର ଅଛିରେ କୁମର
ମାଟି ଫାଟି ଆଁ କରିଥିବା ବୀଜ
ଜହ୍ନକୁ ହାତ ପାହାନ୍ତାରେ ଆଣି
ଧରି ରଖିବାର ବିଶ୍ୱାସ
ସବୁକୁ ନେଇ
ଆଗେଇ ଚାଲିବାର ଅଛି ।।

ହଁ, କାଳମୁଖା କାଳୀ
ଲହ ଲହ ଜିଭ
ଦାଉ ଦାଉ ନିଆଁକୁ
ସାମ୍ନା କରିବାର ଅଛି ।।

ହଁ ମୁର୍ଦ୍ଦାର ହେଇ ପାରୁଥିବା ମନ
ସଂସାରୀ ହେବାର ଯୌବନ ।।

ଅଘୋରୀର ଅମାପ ବଳ

ଘୋଷାଡ଼ି ନେଇ ପାରୁଥିବାର ଦମ୍ଭ ॥

ଝଡ଼ ବତାସରେ
ଦୋହଲି ଯିବନି ବସା
ଜୀବନ ଉପରେ ଆସ୍ଥା ରଖି
ଆଗେଇ ଚାଲ
ଆଗେଇ ଚାଲିବା
ସନ୍ନ୍ୟାସୀର ମନ ନେଇ
ଜୀବନ ଜିଇଁବା ॥

ମହାକାଳ

କୋଟି କୋଟି ଅନନ୍ତ ବର୍ଷର
ବିମର୍ଷ ଭାଗ୍ୟକୁ ଆଦରି
ପଡ଼ି ରହିଥାଏ କେଉଁଠି କେମିତି
ପବନରେ, ପାଣିରେ
ଗନ୍ଧରେ, ସ୍ପର୍ଶରେ
କୀଟପତଙ୍ଗ ହୋଇ ଅବା ରହିଥାଏ
କୋଟି କୋଟି ଜୀବଙ୍କ ମେଳରେ।

ମାଟି ଫାଟି, ବୀଜ ଫୁଟି
ବାହାରି ଆସିଲା ଭଳି
କେତେବେଳେ ଶାପ ମୁକ୍ତ
ଅମୃତ ଯୁଗରେ
ପୁଣ୍ୟଫଳ ନେଇ କିଛିକାଳ ପାଇଁ
ଆନନ୍ଦ ରମଣ ପରେ
ଅଙ୍କୁରୋଦ୍‌ଗମିତ ହୁଏ
କେଉଁ ଏକ ଅନାଗତ
ଗର୍ଭାଶୟରେ।

ଆଲୋକ ଦେଖିଲା ପରେ
ଯାତ୍ରା ଚାଲେ କେତେ ଦଶନ୍ଧିର
କାଳକୁ ବିତାଇ

ଲୀଳାଖେଳା ମିଛ ସୁଖ
ଦୁଃଖ ଓ ଯନ୍ତ୍ରଣା ଭୋଗି
ପୁନଶ୍ଚ ମାଟି ଛୁଏଁ
ଗତି ଥାଏ ଘନ ଅନ୍ଧକାରେ
ନିର୍ବାସନେ
ଶୁଦ୍ଧସତ୍ତା ଠିକଣା ହଜାଇ ।

ଗୋପନରେ କେମିତି ଲମ୍ବିଥାଏ
ଜ୍ଞାତି ଓ କୁଟୁମ୍ବର ଭାଷା
ସ୍ୱର୍ଗତ, ପରାଗତ ଦିବ୍ୟ ଆତ୍ମା
ଲୁଚି ଛପି ବୁଲୁଥାଏ
ଗତ ଦୁଇ କାଳ କ୍ଷଣ
ଇତିହାସ ଅବା କେଉଁ
କାଗଜ ପତ୍ରରେ ।

କିଏ କାହୁଁ ଅଦୃଶ୍ୟରେ
ଭାବସତ୍ତା ହୋଇ
ଜିଉଁଥାଏ ବୋଲି କହିଥାନ୍ତି
ଜୀବିତ ଚରିତ୍ରଗଣ
ଚକ୍ରାକାରରେ
ଅନୁପମ ତାଙ୍କ କାମ
ପରମ୍ପରା ଆଭିଜାତ୍ୟ ଭରା
ସାମାଜିକ ଶୃଙ୍ଖଳାରେ
ସମୟର ଦ୍ୱାପର ଯୁଗରେ ।

କେତେ କଥା ଆସେ
ପବନ ତିଆରି କରେ
ଶୂନ୍ୟତାରେ
ହାଡ଼ ଗଢେ ମାଂସଳ ଛାତିରେ

ଷଷ୍ଠୀ ଦେବୀ କାରୁଣିକ
ଲେଖିଥାନ୍ତି ଭାଗ୍ୟ ବୋଲି
କପାଳରେ
ଜ୍ୟୋତିଷ ଶାସ୍ତ୍ର କହେ
ପରମ ସୁଖ ଲାଭ
ଭାଗ୍ୟ ଓ ଭବିତବ୍ୟରେ ।

ଅଦ୍ଭୁତ ଅପରିସୀମ
ଜୀବନର ଚୌହଦୀରେ
ସ୍ଥିତି ଆଉ ଦୁଃସ୍ଥିତିର ଚକ୍ର
କାଳକାଳ ମହାକାଳ
ଗଢିଥାଏ କାହାକୁ କେମିତି
କେତେବେଳେ
ଟାଣିନିଏ ଦୁଇଧାର
ଶଗଡ଼ ଗୁଳାରେ ।।

ପୁରୁଷାର୍ଥ

ଦେବାକୁ ଚାହୁଁଛୁ କି
ଆକୁଳ ଆଲିଙ୍ଗନ
ସ୍ନେହଭରା ସମର୍ପଣ ?
ସ୍ୱପ୍ନମୟ ଜୀବନ
ଜିଉଁଛୁ ବୋଲି ତ
ମାୟାପୁରୀରେ ଆବଦ୍ଧ
ତୁ' ଗୋଲାପ ଫୁଲର ରାଣୀ
ଭାଗ୍ୟବତୀ
ନକ୍ଷତ୍ରପୁଞ୍ଜର ।

ତୁ କାଳିଆ ନାଗର ମଣି
ସୁନ୍ଦର ସୁଶୋଭିତ
ପତ୍ର ପରିହିତ
ବିଷମୟ ନୀଳ ଜଳ ରାଶି
ଗଭୀର ଉଦ୍‌ବେଳନ
ଉବୁଟୁବୁ ଭାସମାନ
ତୋ' ପ୍ରେମରେ
ପଡ଼ିଥାଏ ଯେଉଁ ଜନ ।

ମଇଁଷି ରଙ୍ଗର ଛାଇ
ଆଚ୍ଛାଦିତ ତୁ ରମଣୀ

ଚାଲୁଥାଉ
ଝୁମ୍ ଝୁମ୍
ପାଦରେ ପାଉଁଜି
ଜଳନ୍ତା ନିଆଁର ଶିଖା
ଲେଲିହାନ
ତୋ' ଶରୀର ଜଳୁଥାଏ
ଭେଦିଯାଏ
କାଳକୁ ଜୀବନ।

ଜଘନରେ ପଡ଼ିଅଛି
କାନ୍ତ କୃଷ୍ଣ ପ୍ରେମିଳ ଶ୍ରୀପାଦ
ସ୍ତନାଙ୍କୁର ଭେଦି ରସ
ଗ୍ରାସିଯାଏ
ପ୍ରାପ୍ତି ପାଇଁ ପ୍ରତୀକ୍ଷାରେ
ଭୁଲିଯାଏ
ଆକୁଳ ଆଶ୍ୱାସ।

ତୋ' ଜୀବନ ଜୟଯାତ୍ରା
ପରିପୂର୍ଣ୍ଣ ପୁରୁଷାର୍ଥ ପାଇଁ
ହଳଦିରଙ୍ଗର ଛିଟା
ପ୍ରଲେପନ
ଦେହ ମନ
ଲାଲ ରଙ୍ଗର କ୍ଷୁଦ୍ର ପାପ
ଦିଅଗୋ ବଢ଼ାଇ।

ଅନ୍ଧାରରେ ପ୍ରଜାପତି

ତୋ ଅବର୍ତ୍ତମାନରେ
ତୋ ପାଦଚଲା ପଥ
ନୀରବିତ ।।

ପଥ ଉପରେ
ଅନାଥିନୀ ବୁଢ଼ୀ କଣ୍ଠରୁ
ଅହର୍ନିଶ ଶୁଭୁଛି ଏବେ
କାନ୍ଦଣାର ଗୀତ ।।

ବେଳ ବୁଡ଼ିଗଲା
ଅବେଳରେ
ଗୋଧୂଳି ସଂଜ ଉଇଁଲା
ଶଙ୍ଖ ବାଜିଲା
ଠିକ୍ ତୁ ଚାଲିଗଲା ପରେ
ଶୁନ୍‌ଶାନ ସବୁକିଛି
ଭିଜିଗଲା ସଂଜ ଓ ଖରା
ଶୁଭିଲା, ନିଷ୍ପାପ ଶିଶୁର
କାନ୍ଦଣାର ଆବର୍ତ୍ତ ।।

ଅନ୍ଧାରରେ
ଅମାନିଆ ପବନ
ପିଟି ହେଇଗଲା ଛାତିରେ

କାନ୍ଦୁରା ମଣିଷମାନେ
ମାଙ୍କଡ଼ ଡିଆଁ ପରି
ଏପଟ ସେପଟ ହୋଇ
ଚିତ୍ କରି ପଡ଼ିଥାନ୍ତି
ମୁହଁ ସଂଜ
ରାସ୍ତା ମଝିଟାରେ ।।

ଯଜ୍ଞଶାଳାରୁ
ଲିଭିଗଲା ପ୍ରଜ୍ବଳିତ ଅଗ୍ନି
ବେଦଜ୍ଞ ବ୍ରାହ୍ମଣଙ୍କ ପାଟିରୁ
ସରିଗଲା
ମନ୍ତ୍ର ଉଚ୍ଚାରଣର ଶବ୍ଦ
ବୈଦ୍ୟ ଲେଖିବନି ଆଉ
ମିଛିମିଛିକା
ଅଣଲେଉଟା ଦବେଇ
ନିର୍ନିମେଷ ନୟନରେ
କାବ୍ୟ କବିତା ବୁଝିବାକୁ
ଅପେକ୍ଷା କରିବେନି ଆଉ
କୁନି ପ୍ରଜାପତି ।।

ଦୀପତଳ କଳାରେଖା
କକ୍ଷ୍ୟଚ୍ୟୁତ
ଅନ୍ଧାରର ଛାତି
ନିରବ ନିସ୍ତବ୍ଧ ହୋଇ
ପ୍ରଜାପତି ରଂଗ ଫିକା
ବଗିଚାରେ ଫୁଟିବନି ଫୁଲ
ସବୁ ଫୁଲ ମହକରେ
ଟାଣିନିଏ
ସୁସଜ୍ଜିତ ମହାଯାତ୍ରା ସାଥୀ ।।

କେମିତି ବାୟାଣୀ ସେ
ଦଂଶିଦେଲା
ସଂସାର ଯାକର ଦୁଃଖ
ଲିଭାଇଲା
ଜୀବନ ରାଗର ରଙ୍ଗ
ଅଷ୍ଟନିଧି ଅଣିମାଟି
ନବରତ୍ନ ପାଇ
ସଗର୍ବରେ ବିଛାଇଲା
ଅଣଲେଉଟା ଛାଇ ।।

ସବୁ ଲୁହକୁ ପିଇ ଯାଇ
ରଖିଥିଲା ପଣତରେ
ସଭିଙ୍କୁ ଲୁଚାଇ
ଏକା ଏକା ଦୁଃଖ ବାନ୍ଧି
ସୁଖ ବାଣ୍ଟି ଆନନ୍ଦରେ
ଚିରକାଳ
ଆଲୋକର ପଥ ଦେଖୁଥାଇ ।।

ଚଢ଼େଇ ଆଖିରୁ ଏବେ
ହଜିଯାଇଛି ଗୀତ
ସମୁଦ୍ର ଢ଼େଉରେ ଆଉ
ବାଜୁନି ସଂଗୀତ
ଯମ ଜଉତିଷ
କିସ ଦେବେ ଆଉ ଉପଦେଶ
ସାରା ରାତି ଉଜାଗର
ଛାତରେ ବାନ୍ଧିଛି ବସା
ଅନ୍ଧାରରେ ପ୍ରଜାପତି
ଦୃଷ୍ଟିହୀନ ସବାଶେଷ
ଆୟୁଷ ମାଗୁଛି ।। ■

ଚଷମା

କିଏ ବା ଜାଣି ପାରିନ୍ତା
ଅନ୍ତରୀକ୍ଷରେ ଅଛି
ଅସଂଖ୍ୟ ଆଲୋକମାଳା
କିଏ ବା ବୁଝି ପାରନ୍ତା
ଭରିରହିଛି ସେଠି
ଅଗଣିତ ଗ୍ରହ ନକ୍ଷତ୍ର ଓ ତାରା ।

କିଏ ବା ଦେଖି ପାରନ୍ତା
ଅକଳନ୍ତି ମେଘ ମାଳା
କିଏ ବା ଅନୁଭବନ୍ତା
ବର୍ଷା, ଶୀତ, ବସନ୍ତ ଓ ଖରା ।

ସେଇ ଜୀବ ଅନାୟାସରେ
କଥା କହିପାରେ
ଗୀତ ଗାଇପାରେ / ନାଚିପାରେ
କିନ୍ତୁ ତା' ପାଖରେ କାଳ କାଳ
ବସି ରହିଲେ ବି ନୀରବରେ
ଶବ୍ଦଟିଏ ସ୍ଫୁରିବ ନାହିଁ
ଅନ୍ୟ ସବୁ ଜୀବଜନ୍ତୁ,
ପଶୁପକ୍ଷୀଙ୍କ ପାଟିରେ
ଏଇଥିପାଇଁ ସେ
ମଣିଷ ପାଲଟି ଯାଇଛି ।

ତା’ ପାଖକୁ ଆଲୁଅ
ଓହ୍ଲେଇ ଆସେ
ତା’ ହାତ ପାପୁଲିରେ
ଧରାଦିଏ ସୂର୍ଯ୍ୟ
ଫଳ ଫୁଲ ଅଜାଡ଼ି ହୋଇପଡ଼ନ୍ତି
ତା’ ଅଗଣାରେ
ମେଘମାନେ
ବର୍ଷା ହୋଇ ଭରିଯାଆନ୍ତି
କ୍ଷେତବାଡ଼ିରେ
ନଦୀ ନାଳରେ
ଜହ୍ନ ଉଇଁଆସେ
ତା ପ୍ରେମିକାର ଛାତିରେ ।

ସେ ସେ’ ବୋଲିତ
ଶବ୍ଦମାନଙ୍କୁ ଯୋଡ଼ିଯାଡ଼ି
ବଖାଣି ପାରେ ମନର ଭାବ
ଅସରନ୍ତି ଶବ୍ଦକୁ ଗୁନ୍ଥି
ପିନ୍ଧାଇପାରେ
ବାକ୍‌ଦେବୀଙ୍କ ଗଳାରେ
ମଣିମୁକ୍ତା ମାଳ
ଇଚ୍ଛାମତେ ଭ୍ରମିପାରେ
ସମଗ୍ର ବିଶ୍ୱ ।

କିନ୍ତୁ ଦେଖିଛକି
ସେ କେବେ ବହମାନ ନଦୀ ପରି
ବହିଯାଇଛି ଅଖଣ୍ଡ ସ୍ରୋତରେ
ଇନ୍ଦ୍ରଧନୁର ବର୍ଣ୍ଣିଳ ସୁଷମାପରି
ସଜାଇ ପାରିଛି ନିଜକୁ
ସତ୍ୟକୁ ସାମନା କରି ପାରିଛି

ସୂର୍ଯ୍ୟଙ୍କ ପ୍ରଚଣ୍ଡ କିରଣ ପରି
ତମାମ ଜୀବନ ଖାଲି
ଅଧାଛାଇ ଅଧା ଆଲୁଅରେ
ଛଳନାରେ
ମିଛ ଖୁସି ମିଛ କାନ୍ଦରେ
ପହଞ୍ଚି ପାରିଛି
ମୃତ୍ୟୁର ଦ୍ୱାର ଦେଶରେ ।

ସମସ୍ତ ଐତିହାସିକ ତଥ୍ୟ
ସମସ୍ତ ଜ୍ଞାନ କୌଶଳର
ସାଇତା ସୁଦୀର୍ଘ ତାଲିକାକୁ
ନିଜ ହାତରେ ସଜାଡ଼ି ପାରିଛି
କିନ୍ତୁ ବୟସର
ଗୋଧୁଳି ଲଗ୍ନରେ
ନିଜେ ନିଜକୁ ଅଣ୍ଡାଳୁଥାଏ
ଖୋଜୁଥାଏ
କୁଆଡ଼େ ହଜିଗଲା
ତା' ଚଷମାର ଖୋଳ
ଭାଙ୍ଗିଗଲା
ତା' ବିଶ୍ୱ ଦର୍ଶନର ମାଧ୍ୟମ
ତା' ଦୁଇପଟ ଚଷମାର କାଚ ।

କେବେ ଶୁଝିବ ନବଘନ

କିଛି ଗୋଟେ ଲେଖା ଲେଖି
କରିବା ତୁମକୁ ଆସେ,
ହଁ, କବିତା, ପ୍ରବନ୍ଧ, ଗଳ୍ପ, ନାଟକ,
ଅନୁସର୍ଜନ, ଅନସୃଜନ
ହଁ, ଆହୁରି ବି ତୁମକୁ
ଚିତ୍ର ଆଙ୍କି ଆସେ,
ଗୀତ ଗାଇ ଆସେ,
ପ୍ରେମ କରି ଆସେ,
ବାଃ, ଏତିକି କଥାରେ
କେତେ ଅହଙ୍କାର ସାଇତିଛ ଦେହରେ ।

ସଭା ମଣ୍ଡନ କର ବେଳେବେଳେ
ପୁଷ୍ପଗୁଚ୍ଛ, ଉପାୟନ, ସମ୍ବର୍ଦ୍ଧନ,
ବାସ୍, ଖବରକାଗଜରେ ତମ ନାଁ,
ହଁ, ଦି ପଇସା ରୋଜଗାର କରି
ସଂସାର ଚଳାଇଛ
ପୁଅକୁ ଚାକିରି,
ଝିଅକୁ ଜ୍ୱାଇଁ,
ଘର ଖଣ୍ଡେ ସହରରେ
ବାପା, ମା, ଭାଇ,
ପାଖରେ ଥିଲେ ଭଲ,
ନଥିଲେ ବି ଭଲ ।

ଆଉ କ'ଣ ନବଘନ !
ତମକୁ ପା ଷାଠିଏ ଛୁଇଁଲାଣି,
ଆଜି ଯାହା
ଆସନ୍ତା କାଲିକୁ ବି ତାହା,
ଅହଙ୍କାର, ଈର୍ଷା,
ପରିଶ୍ରୀକାତରତାରେ,
ଖୁନ୍ଦି ହୋଇଛି ତମର ଜୀବନ

କେବେ ଭାବିଛକି
କେମିତି ପରିଶୋଧ କରିବ
ଏଇ ପବିତ୍ର ଭୂମି ମାତାର ଋଣ ?

ସୁନା ଫଳିଲା ତମ ଜମିରେ
ପାଣି, ପବନ, ସୂର୍ଯ୍ୟର କିରଣ,
ସବୁ ମିଳିଲା ବିନା ଦ୍ୱିଧାରେ
ବାଡି ବଗିଚାରେ ଆମ୍ବ ଫଳିଲା
ଫଳିଲା କେତେ ଜାତିର ଫୁଲଫଳ,
ଗଡିଆରେ ମାଗୁର, କେରାଣ୍ଡି ମାଛ
କାଳିଆ କଷରା ବଳଦର ଦାନ
ପାଇଲ କାଳୀ ଗାଈର ସୁମଧୁର ଦୁଧ,
ମହୁମାଛି ଭରିଦେଲା ମହୁଠେକି,
ପବନ ଗୁଣୁଗୁଣେଇଲା,
ଫୁଲର ସୌରଭ ବିଂଚିଦେଲା
ତମ ପାଶ ଚଉପାଶ
କେବେ ଶୁଝିବ ଏମାନଙ୍କ ଋଣ !

ନଦୀ, ସମୁଦ୍ର, ଅରଣ୍ୟ,
ମାଟି ଓ ପବନ,
ଯେଉଁମାନେ ତିଆରିଛନ୍ତି

ତମ ଦେହ
ଯିଏ ଭରି ଦେଇଛି
ମନ, ବିବେକ ଓ ଚୈତନ୍ୟ ।

କେବେ ଶୁଝିବ ?
ମୁନି ଋଷିମାନେ ଦେଇଥିବା
ଅଯାଚିତ ନୀତି ଓ ଆଦର୍ଶ,
ଆଜି ଯାହାକୁ ଠୁଳ କରି
ତମେ ଠିଆ ହେଇଚ
ପାଇଛ ପ୍ରତିଷ୍ଠା, ପ୍ରତିପତ୍ତି,
ଜାହିର କରୁଛ,
ମୁଁ ବୋଲାଉଛ ।

ଆଖି ଖୋଲି
ଦେଖି ନିଅ ଥରେ ନବଘନ
ଏ ମହିମ୍ନ ଆକାଶର ବିଶାଳତାକୁ,
ମାପିନିଅ ଥରେ
ଏ ସମୁଦ୍ରର ଗଭୀରତାକୁ
ଜାବୁଡି ଧର,
ପାହାଡର ଛାତିକୁ ।

ଥରେ ମୁଠାଇଦିଅ ଆକୁଳତାରେ
ଥରେ ଆବେଗରେ କୁଣ୍ଢାଇଦିଅ
ମା' ମାଟିକୁ,
ଯିଏ କେତେ ତ୍ୟାଗ
ଶ୍ରଦ୍ଧା ଓ ସ୍ନେହରେ
କଞ୍ଚା ମାଟିକୁ ଟାଣ କରି
ଠିଆ କରେଇଛି
ତମ ଜନ୍ମ ଦେଇଥିବା ମାଆକୁ ।

କେବେ ଶୁଝିବ ନବଘନ
ଥରେ ହେଲେ
ଆଖି ଖୋଲି ଦେଖ,
ତମ ଅବୁଝାପଣ ପାଇଁ
ତମ ମାଆ ମାଟିର ଆଖିରୁ
କେମିତି ବହିଚାଲିଛି
ଅନବରତ
ତତଲା ଲୁହର ଧାର ।

ଉତ୍ତରଦାୟୀ

କିଏ କହିବ ସମୁଦ୍ର ପାଣି
ଲୁଣି ହେବାର ରହସ୍ୟ ?

ଭୂକମ୍ପର ଥରହର
କାହିଁକି ହୁଏ ମାଟିର ମଣିଷ,
ଇନ୍ଦ୍ରଧନୁର ରଙ୍ଗରେ
କାହିଁକି ଶୋଭା ପାଏ
ଚିତ୍ରିତ ଆକାଶ !

କେଉଁ ଅନନ୍ତ କାଳରୁ
ପଥର ସନ୍ଧିରୁ ଅବାରିତ
ବହିଚାଲିଛି ମଧୁର ଝର,
ଯାତ୍ରା ପଥରେ କ୍ଳାନ୍ତ ଦେହର
ବୋଝ ବୋହି
ତତଲା ମାଟିରେ ଫୁଟୁଛି
ଟଳମଳ ରକ୍ତାକ୍ତ ପାଦ,
ଛାଇ ଯାଇଛି କୁହୁଡି
ଆକାଶରେ ଧୂଆଁଧାରର ନେଙ୍ଗୁସ ।

ଛଦ୍ମ ବେଶରେ ଲୁଚିଛି
କ୍ରୋଧିତ ସାପ,

ବିକଟାଳ ମୁଖା ପିନ୍ଧି
ସାଁ ସାଁ ଶବ୍ଦରେ
ଆବୋରି ବସିଛି ଦୁଆର,
ବିନା ସର୍ତ୍ତରେ
ଟାଣି ନେଉଛି କାଳଫାଶ ।

ଆମେ ସବୁ ସଂଗଠିତ ଯାଦୁକର
ଅବିରା ପୁନେଇଁରେ ଶୀତ ପୋଉ
ଶୂନ୍ୟତା ଭିତରେ ବିଛେଇ ଦେଇ
ମିଛିମିଛିକା ଜାଲ,
ମାଙ୍କଡ ନଚାଇ ପୋଷୁଛୁ ସଂସାର ।

କ୍ଷେତରେ କେତେବେଳେ
ମାଟି ଫାଟି ଆଁ,
କେତେବେଳେ ସୁନାର ଫସଲ,
ପଞ୍ଜରା ହାଡ, ପଞ୍ଝା ମେଲେଇ
ଶୋଷୁଛି ଏକ କ୍ଷୁଧିତ ପାପ,
କୁଆଡୁ ଆସିଲା କେଜାଣି
ଏକା ନିଃଶ୍ୱାସରେ
ସବୁକୁ ଉଜାଡି ଦେଲା
ଅଦୃଶ୍ୟ ବାମ୍ଫ ।

ଆମେ ସବୁ ଜିଇଁ ଚାଲିଛୁ
ଏକ ଜାରଜାତକ ଜୀବନ,
ଭୋଗିବାକୁ ହେବ
କାଳ କାଳର ଦୁଃଖ ଅପ୍ରମିତ
ଗାଧୋଇବାକୁ ପଡିବ ସେଇଠି
ଯେଉଁଠି ଅଛି
ସମୁଦ୍ରେ ବିଷାକ୍ତ ଲହର,

ଏବେ କୁହ !
କିଏ ବା ସ୍ୱୀକୃତି ଦେବ
କେତେବେଳେ
ବିମର୍ଷ ଭାଗ୍ୟ ନେଇ ଜିଉଁଥିବା
ଆମ ଜନ୍ମ ଓ ଜାତକର ?

ଘର ବାହୁଡ଼ାର ବେଳା

ଦେଖ,
ତାର ସମସ୍ତ ଭାବ ଗାମ୍ଭୀର୍ଯ୍ୟକୁ
ଧୀରେ ଧୀରେ
ଲୁଣ୍ଠନ କରି ନେଲାଣି ସମୟ
ଏକ ଅଜଣା ଆତଙ୍କରେ
କେମିତି
ଅହଂକାରୀ ଆଖି ଦୁଇଟା
ପେଚା ଭଳି ଚାହିଁ ରହିଛନ୍ତି
ଦୂର ଦିଗ୍‌ବଳୟକୁ ॥

ପଥର ଖାଉଥିବା ଦାନ୍ତ
ଭାଙ୍ଗି ଦେଲାଣି
କେମିତି ଏ ଦୁଷ୍ଟ ପବନ
ମାଂସଳ ମାଢ଼ିରେ
କେମିତି ଚରିଲାଣି ଉଇ
ସ୍ୱାଦ ହରେଇ ଦେଲାଣି ଜିଭ
ଘୁଣ ଖାଇ ଗଲାଣି
ପାଦର ହାଡ଼ ॥

ଦେଖ
ଦେହ ଭିତରେ କିମିତି ସବୁ

ବିଗିଡ଼ି ଗଲାଣି ଯନ୍ତ୍ର
ତା' ଭିତରେ ଫଁ ଫଁ କରି
ସୁସୁରି ମାରୁଛି କ୍ଷୁଧିତ ସାପ
ଶୁଭୁଛି କେତେବେଳେ କିମିତି
କରୁଣ ରାଗର ଗୀତ
ଅବା ବେଳେବେଳେ
ଫୁଟି ଉଠୁଛି
ଆଶାବରୀ ରାଗ ଭଳି
ମୁଖମଣ୍ଡଳରେ
ଲେପି ହୋଇ ଯାଉଛି
ଆତ୍ମତୃପ୍ତିର ହସ ।।

ଏବେ ତାକୁ ଦିଶିଲାଣି
ପାରି ହେବାକୁ ଥିବା ଘାଟ
ଘାଟ ପାଖରେ
ଶୁକୁ ଶୁକୁ ହେଉଛି ମାଛ
ବଧିରା କାନରେ
ଅସ୍ପଷ୍ଟ ଶୁଭୁଛି ଧୀବରର ଡାକ
କହୁଛି
ଆସ ଆସ ସମୟ ହେଲାଣି
ଘାଟ ପାରି ହେବାର ବେଳ ।।

ସେ ଭାବୁଛି
କିମିତି ବିନା ଡଙ୍ଗାରେ
ପହଁରି ପହଁରି ଯାଇ ପାରିବ
ଆରକୂଳ
କିନ୍ତୁ ତା' ଧମନୀରେ ତ
ପ୍ରବାହିତ ହେଉଛି ଶିଥିଳ ରକ୍ତ
ମିଛ ଉପତ୍ୟକାରେ

ଦୃଶ୍ୟମାନ ହେଉଛି
ଗୋଧୂଳି ସୂର୍ଯ୍ୟ
ସମୟ ଆସିଲାଣି ପରା
ଦେଖ, ଦେଖ
କିମିତି ଚିତ୍ରିତ ହେଇଛି
ମୁକ୍ତ, ମାୟା ମରିଚିକାର ବେଳ ॥

ଆର ପାରିରେ କାହାର ଶବ୍ଦ
ସେ ଶୁଣି ପାରୁନି
କିଏ ଡାକୁଛି ତାକୁ
ହାତଠାରି ଅହରହ
ସେ' ତ ଏଯାଏଁ ଆଙ୍କି ପାରିନି
ଦୀର୍ଘ କାଳର
ବିତେଇଥିବା ଜୀବନ ଜିଇଁବାର ରଙ୍ଗ ॥

ଯିବାକୁ ତ ହେବ ସମୟ ଉଚ୍ଛୁର
ଅସ୍ଥିର ମନରେ ଦେଖୁଛି
ବେଳେ ଆଗକୁ ତ ବେଳେ ପଛକୁ
ଜ୍ଞାତି ପରିଜନ
କେହି କୁଆଡ଼େ ନାହାନ୍ତି
ତଥାପି
ସେ ଭାବୁଛି କେମିତି
ଛାଡ଼ି ଦେଇଯିବ
ସାଇତିଥିବା ତା' ସ୍ମୃତି ସନ୍ତକର ଘର ॥

■

ବନ୍ଦ କର

କବାଟ ଓ ଝରକା ଖୋଲିଲେ
ବହିଯାଏ ହେମାଳ ପବନ
ଶୀତଳେଇ ଦିଏ
ସାରା ଘର / ଘର ଖୋଲାଥିଲେ,
ଅଦୃଶ୍ୟରେ ରୂପ ବଦଳାଇ
ଛଞ୍ଚାଣ ଭଳି ଏକ ଅଦୃଶ୍ୟ ହାତ
କେତେବେଳେ କାହାଘରୁ
ଓଟାରି ନେଉଛି କାହାର
ଅକ୍ଷତ ଆଖି ଡୋଳାକୁ ॥

ଘର ଭିତରେ ଟହଲ ମାରୁଥିବା
ପୁଅ ଝିଅ,
ଆଳୁ ପିଆଜ କିଣିବାକୁ
ଯାଉଥିବା ବାପା,
ରୋଷେଇ ଶାଳାରେ
କାଢା ବନାଉଥିବା ମାଆ
କେତେବେଳେ ଦେଖ
ଫଟୋ ହୋଇ ଉଭା ହେଉଛନ୍ତି
କାନ୍ଥରେ ।

ଦିନଥିଲା ଆମେ ହାତ ବଢେଇ
ପବନକୁ ଡାକୁଥିଲୁ ଆ' ବୋଲି,

ଜହ୍ନକୁ କୋଳରେ ବସାଇ
ଛୁଆ ପାଟିରେ ଗୁଣ୍ଡା ଖୁଆଉଥିଲୁ,
ଫୁଟିଯାଉଥିଲା ଫୁଲ,
ବଗିଚା ସାରା ମହମହ ବାସୁଥିଲା
ବିଞ୍ଚି ହୋଇଯାଉଥିଲା
ପ୍ରେମର ସୁଗନ୍ଧ ॥

କେତେ ଆନନ୍ଦରେ
ଖେଳୁଥିଲା ପାରା ଅଗଣାରେ,
କିଚିରି ମିଚିରି କରି
ଦଳେ ପକ୍ଷୀ କଥା ହେଉଥିଲେ
ବାରଣ୍ଡାରେ
ଦାଣ୍ଡରେ ବୁଲୁଥିବା
ଡେଙ୍ଗା ତାଳ ଗଛ ମାନେ
ତୁଣ୍ଡି ବାନ୍ଧି ଲୁଚିଛନ୍ତି ଏବେ
ବନ୍ଦଥିବା କବାଟ ଓ ଝରକା ଭିତରେ ॥

ଏବେ ସମ୍ପର୍କର ସେତୁ ସତରେ
ଦୋହଲି ଗଲାଣି
ରକ୍ତମୁଖା ବୋଡା ସାପ
ବୁଲୁଛି ରାସ୍ତାରେ
ଝରକା କବାଟ ଖୋଲିଲେ
ପଶି ଆସୁଛି ବେଳ ଅବେଳରେ
କେତେବେଳେ ଚୋଟ ମାରିବ
ଶୋଇଥିବା କାହାକୁ
କିଏ ଅବା ଜାଣେ ॥

ବନ୍ଦଥାଉ କବାଟ ଓ ଝରକା
ଅନ୍ତତଃ ଆଉ କିଛିଦିନ ପାଇଁ । ■

ବୁଢାଲୋକ

ଉଚ୍ଚା ପିଣ୍ଡାରେ ବସିଛି ବୁଢା ଲୋକ,
ଗୋଡ ହଲାଉଛି ତଳକୁ
ଯେମିତି ଗଛଟିର
ଚେର ମାଡି ଯାଉଛି ମାଟିର ଗର୍ଭକୁ ।

ବୁଢା ଲୋକ, ଘରର ଏକ ଖୁଣ୍ଟ,
ଦୁଇ ହାତ ମେଲା କରି
ଜାବୁଡି ଧରିଛି କାନ୍ଥ,
ଗଛ, ମାଟି ବାନ୍ଧୁଛି ଚେର,
ବୁଢାଲୋକ ରସ ଶୋଷୁଛି ଦେହ ।

ଦୁଇ ହାତ ଯାକ ଲହୁ ଲୁହାଣ,
କାନ୍ଥ ଆଁ କଲାଣି ଚାରିପାଖ,
ଦଦରା ଦିଶିଲାଣି ଚିତ୍ରିତ ମୁହଁ,
ବୁଢା କିନ୍ତୁ ଭିଡି ଧରିଛି ମାଟି,
ସଗର୍ଭରେ ଗୋଡ ହଲାଇ ହସୁଛି,
ଗଛର ବଲ୍କଳ ଖସୁଛି ।

ବାଆ ବହେ, ଦେହ ଦୋହଲୁ ଥାଏ,
ବାଆ ବହେ, ଡାଳ ଭାଙ୍ଗି ପଡୁଥାଏ,
ଗୋଡ ଲମ୍ବିଯାଏ ସିନା ତଳକୁ,

ପାଦ ତଳରୁ ଫାଟି ଯାଉଥାଏ ମାଟି,
ଗଛ ଡାଳରୁ ପତ୍ର ଖସିପଡୁଥାଏ ।

ପିଣ୍ଡାରୁ ଖସିପଡେ,
ଚକଡା ଚକଡା ମାଟି,
ଗଛରୁ ଶୁଖିଯାଏ ରସ
ଆପଣାପଣରେ
ବାଇୟା ପବନ ଦୋହଲୁଥାଏ
ହଜିଯାଏ
କିଚିରିମିଚିର କଳରବ ॥

ଏକୁଟିଆ ଥୁଣ୍ଟା ଗଛ
ଦେଖୁଥାଏ ଚାରା ଗଛମାନଙ୍କୁ,
ବୁଢାଲୋକ
ଶୂନ୍ୟ ଆକାଶକୁ ଚାହିଁ ଖୋଜୁଥାଏ,
ଅତୀତର ନୀରବ ପଣକୁ,
ଗଛ ଶୁଖି ଶୁଖି ଯାଏ ସତ
ବୁଢାଲୋକ କିନ୍ତୁ ଧିରେ ଧିରେ
ଗଛ ପାଲଟି ଯାଏ ।

■

ଓହ୍ଲାଉଛି ତଳକୁ ତଳକୁ

ପାହାଚରୁ ଓହ୍ଲାଇବାର
ତିଥି ଓ ନକ୍ଷତ୍ର ମୋତେ ଜଣାନାହିଁ ॥

ଯେଉଁଠି ଆରମ୍ଭ,
ସେଇଠି କୋଳାହଳ,
ରାଶି ରାଶି ଯୁକ୍ତାକ୍ଷର, ବର୍ଣ୍ଣମାଳ
ପାହାଡପ୍ରାୟ, ପୋଥି ଓ ପତର
କାଳକାଳର ଅତୀତ
ଗମ୍ଭୀର, ଅଥଚ୍ ଉନ୍ମାଦ ॥

ଯେଉଁଠି ରତ୍ନାକର, ସେଇଠି ବାଲ୍ମୀକି,
କ୍ରୌଞ୍ଚ ପକ୍ଷୀର ନିଧନରେ
ଅନୁରଣିତ ହୁଏ ପବନରେ
ଏକ ଦୀର୍ଘ କାବ୍ୟସ୍ୱର
ପରାଶରର ଆଖିରେ କଜ୍ଜଳ,
ସାଙ୍କୁଡି ଯାଏ ମାର୍ତ୍ତଣ୍ଡ ସୂର୍ଯ୍ୟ,
ମୁହୁର୍ମୁହୁ ବାସ ଚହଟାଏ ।

ନଚିକେତା ମାନଙ୍କ ଊର୍ଦ୍ଧ୍ୱଗମନ,
ଯମପୁରରେ ଚର୍ଚ୍ଚା ଆତ୍ମଜ୍ଞାନର,
ଜନକଙ୍କ ପ୍ରଶ୍ନାକୁଳରେ

ଯାଜ୍ଞବଲ୍କଙ୍କ ସ୍ପନ୍ଦନ,
ସ୍ୱୀକାରି ନିଏ ସବୁ
ପାହାଚ ପରେ ପାହାଚ,
ଉଠିବାର ଥାଏ,
ମୁଁ ସ୍ୱୀକାରୀ ନିଏ
ଉତ୍ଥାନ ଓ ପତନର ।

ଫୁଲ ହୋଇ ଫୁଟିଯାଏ ମାଟି
ଇନ୍ଦ୍ରଧନୁର ବର୍ଣ୍ଣିଳ ସୁଷମାରେ,
ତରଙ୍ଗାୟିତ ସାତ ସମୁଦ୍ରର ପାଣି ।

ଚତୁର୍ଦ୍ଦିଗରେ ଅଦ୍ଭୁତ ଛାୟାମୂର୍ତ୍ତି,
ମୁଁ ନୀରବିତ,
ଏକାକୀ ଅଶ୍ୱାରୋହୀ
ଧାବମାନ ଆଗକୁ ଆଗକୁ,
ମୁଁ ଓହ୍ଲାଉଛି ତଳକୁ ତଳକୁ
ଆକାଶ ଥାପି ପଡୁଛି ମୋ ଉପରେ,
ମୁଁ ପାଗଳ ପ୍ରାୟ ଜିଉଁଛି ।

ମାଟି ଛୁଇଁବାକୁ
ବାକି ଅଛି ଦୀର୍ଘତମ ପଥ,
ମୁଁ ଭୋଗୁଛି ସ୍ୱର୍ଣ୍ଣାଭ କିରଣ
ଅସରନ୍ତି
ମେଘ, ବିଜୁଳିର ତାଣ୍ଡବ ।

ମୁଁ ଭାସମାନ ଉଲକା ପ୍ରାୟ
ଶୂନ୍ୟ ମଣ୍ଡଳରେ,
ଜିଇଁବି ବୋଲି ତ
ଓହ୍ଲାଇଛି

ଭୁମାର ଭୂମିଚରଙ୍କୁ,
ସୁଖ ସନ୍ଧାନରେ ।

ମୋ ପାଇଁ ସମସ୍ତ ଗ୍ରହ, ନକ୍ଷତ୍ର,
ମୁନିଋଷିଙ୍କ ବେଦପାଠ,
ଦଶ ଦିଗର ଅପୂର୍ବ ମହିମା,
ଗୋଧୂଳି ସଂଜ,
ପାହାନ୍ତା ସକାଳ,
ସୂର୍ଯ୍ୟୋଦୟ, ସୂର୍ଯ୍ୟାସ୍ତ,
ସାତ ସମୁଦ୍ରର ଗଭୀରତା,
ଆଉ କିଛି ନାହିଁ,

ମୁଁ ଏକ ଅସ୍ତିତ୍ୱବିହୀନ
ଛାୟାମୂର୍ତ୍ତି,
ଛୁଇଁ ଛୁଇଁ ଯାଏ ସବୁକୁ
ତଥାପି
ଜିଇଁବାକୁ ହେବ ବୋଲି ତ
ମୁଁ ଓହ୍ଲାଇଛି ତଳକୁ ତଳକୁ ।

■

ମାୟାକକ୍ଷ

ମାୟାକକ୍ଷରେ ଘୂର୍ଣ୍ଣାୟମାନ
ମୋର ପୂର୍ଣ୍ଣ ଅବୟବ,
ଚେତନାର ଚତୁଷ୍କୋଣ,
ଦୁର୍ଗତିରେ, ଦୁଃସ୍ଥିତିରେ,
ମୁଁ ଜିଉଁଛି
ଏକ କାକୁସ୍ଥ ପ୍ରାଣ ।

ମାତୃଗର୍ଭ,
ଘନ ଅନ୍ଧକାର,
ତା ଭିତରେ ଉଇଁ ଆସେ
ଏକ ସ୍ପର୍ଦ୍ଧିତ ସୂର୍ଯ୍ୟ,
ରକ୍ତ ଦିଏ, ମାଂସ ଦିଏ,
ପାଦ, ନଖ
ଚର୍ମାବୃତ ସମଗ୍ର ଶରୀର ।

ମୁକୁଳି ଆସେ,
ଅନ୍ତନଳୀ ଦୋହଲି ଦେଇ
ଆଉ ଏକ
ନୂତନ ସୂର୍ଯ୍ୟର ସନ୍ଧାନରେ,
ବୋଝ ବୋହି ବୋହି
ନୟାନ୍ତ ହେବା ଯାଏ

ମୁଣ୍ଡେଇଥାଏ
ମାୟା ସଂସାରର
ଜଟିଳ ପଣର ଆସ୍ପର୍ଦ୍ଧାରେ ।

ମୁଁ ପାରେ,
ପାରିବାର ଧୃଷ୍ଟତା ରଖେ,
ଶିଖର ଆରୋହଣରେ,
ମୁଁ ତରଙ୍ଗାୟିତ ହୋଇପାରେ
ପ୍ରଶାନ୍ତସାଗରର ଗଭୀରତାରେ,
ମୁଁ ଠିଆ ହୁଏ
ଆକାଶକୁ ଛୁଇଁବା ଯାଏ,
ମୁଁ ଶୋଇପାରେ
କୁମ୍ଭକର୍ଣ୍ଣର ନିଦ ନେଇ,
ପରିଭ୍ରମଣ କରେ
ଗ୍ରହ, ନକ୍ଷତ୍ର, ଭୂମି ଭୁମା,
ବିଶ୍ୱାୟନରେ ।

ମନ ଖୋଲି ହସିପାରେ
ପ୍ରକମ୍ପିତ ମାଟିର ଅତଡା,
ମନ ଖୋଲି କାନ୍ଦି ପାରେ
ବଢି, ମରୁଡି, ହୁଡହୁଡି,
ପ୍ରିୟଜନ ଚାଲିଯିବା ପରେ ।

ମୁଁ ମାୟା ରଚିବାକୁ ଚାହେଁ
ସଫଳତାର ଶୀର୍ଷ ଦେଶରେ ॥

ମୁଁ କହିବାକୁ ଚାହେଁ,
ଭୂତ, ଭବିଷ୍ୟ,
ହଜିଯାଇଥିବା ଅତୀତ, ଐତିହ୍ୟ,

ଜହ୍ନରାତି, ଜୀବନ, ଯୌବନ,
ମାଟି ଗୀତ, ଆକାଶର ତାରା,
କୁଳୁକୁଳୁ ଝରଣା,
ସହିବାକୁ ଚାହେଁ
କାଳିଆ କସରା ବଳଦର ଦୁଃଖ ।

ମୋତେ ମାୟା ରଚିବାକୁ ଦିଅ
ପାଇବାର ଅହେତୁକ ସୁଖ,
ମୋତେ ଭୋଗିବାକୁ ଦିଅ
ଆତ୍ମୀୟ ସ୍ୱଜନ,
ଅନ୍ତର୍ହିତ ହେବାର ସମୟ ।

ମୁଁ ଦେଖିବାକୁ ଚାହେଁ,
ଭୋକରେ ଆଉଟୁ ପାଉଟୁ ହୋଇ
ଝାଉଁଳି ପଡିଥିବା ଦେହ,
ମୁଁ ଶୋଷିବାକୁ ଚାହେଁ
ମୋ ଚାରିପାଖ
ଭୂମିରେ ଭୂଗୋଳ ।

ମୋର ଦେହ ଥାଉ ମାଟିରେ,
ମୁଁ ଭ୍ରମୁଥାଏ ମାୟାକକ୍ଷରେ
ମୁଁ ଅନୁଭବ କରିପାରେ,
ଭୋଗ ଓ ଅଭୋଗକୁ ନେଇ,
ଜୀବନର ଜିଆଁପଣ
କେତେ ସ୍ମୃତି,
କେତେ ମିଠାପଣ ।

ପବନ

ପବନ ଏକ ଅମାନିଆ ନଈ
ଯାହା ଶୂନ୍ୟରେ ବହିଚାଲିଛି ସବୁଦିଗ
ମୁଁ ନାବିକ କୂଳ ଖୋଜୁଛି
ପାଉନି ସାହାରା
ଏ ରହସ୍ୟ ପବନର
ମୁଁ ଆଉଟୁ ପାଉଟୁ ଜୀବନ ସାରା ।

ଏ ନଈରେ ନାଆ ନାହିଁ ସତ
ନାଆ ଚାଲିଛି ଅନବରତ
ଜିଇଁବା ଆରମ୍ଭରୁହିଁ
ମୁଁ ପହଁରୁଛି ଏକା ଏକା
ପାଣି ପରି ପିଉଛି ପବନ
ଯାହା ମୋ ଜୀବନ ବଞ୍ଚିବାର ଧାରା ।

ମୋର ଡେଣା ନାହିଁ
ପକ୍ଷୀ ପରି ଉଡିବାକୁ
ଆହୁଲା ନାହିଁ ପବନରେ
କାତ ମାରିବାକୁ
ମୁଁ କିନ୍ତୁ ଭାସୁଥାଏ
କୂଳ ଖୋଜି ଖୋଜି ପହଁରୁଥାଏ ।

ବେଳେବେଳେ
ମୋ ଶରୀର ବୁଡିଯାଏ
ଗଭୀର ଜଳରେ
ମୁଁ କିନ୍ତୁ ଭାସୁଥାଏ
ମନ୍ଦ ମନ୍ଦ ପବନ ସ୍ରୋତରେ
ଶରୀରକୁ ମାଟି ଟାଣୁଥାଏ
ବସା ବାନ୍ଧିବାକୁ
ମୁଁ କିନ୍ତୁ ଉଡିବାକୁ
ଶକ୍ତି ସାଉଁଟୁଥାଏ ଅନ୍ତରୀକ୍ଷକୁ ।

କିଏ ଜିତାପଟ, କିଏ ପରାସ୍ତ ସୈନିକ
କେଉଁଠି ଝରଣା, କେଉଁଠି କୁଳୁକୁଳୁ ନାଦ
କେଉଁଠି ପଟୁ ମାଟିର ଫସଲ
କେଉଁଠି ଶ୍ୟାମଳ ଶିରାର
ମୁଗ୍ଧ ଅନୁଭବ
ଏଇ ଟଣା ଟଣିରେ
ଜୀବନର ଡଙ୍ଗା ବୁଡିଯାଏ
ଉଡିଯାଏ ଆତ୍ମିକ ପଣର ମଧୁଗନ୍ଧ
କୋକିଳର କୁହୁ ହୋଇ
ସୂର୍ଯ୍ୟ କିରଣ ହୋଇ
ଛୁଇଁଯାଏ ଦିଗ ଦିଗନ୍ତ ।

■

ନିଶାରେ... ନିଶାରେ

ମହୁଲି ନିଶାରେ ରାତିର ରତିକ୍ରୀଡା
ସେ ଜାଣେ ନାହିଁ
କେତେବେଳେ ରାତି ପାହି
ସକାଳ ହେଲା ।

କେତେବେଳେ କାକରମାନେ
ଗାଧୋଇ ଦେଲେଣି
ଗଛବୃଛ ସସାଗରା ମାଟିର ଶେଯକୁ
ଫୁଲ ସବୁ ସଜେଇ ହେଇ
ରଂଗେଇଲେଣି ବୃନ୍ତର କଢିକୁ
ତମ୍ବା ରଂଗର ଖରା
ବିଛି ହେଇପଡିଛି ସାରାଟା ଖଳା
ପବନ ସାଉଁଳେଉଛି
ଘରର ପିଢା ଉପର ସାରା ।

ରାମୁ ଅଟୋବାଲା
ଘିର୍ ଘିର୍ ବୁଲିଲାଣି ବଜାର
ଜୀବନ ଜିଇଁବାର ଲଢେଇରେ
ଷ୍ଟେସନରେ ଝାଡୁ ମାରୁଛି
ଛ' ବର୍ଷର କୁନ୍ତିନାନୀର ଝିଅ ପାର
କିଏ ଠିଆ ହେଲାଣି ବାବୁଘର

ତ' କିଏ ଜୀବନ ଯୁଦ୍ଧରେ
ପରାଜୟ ବରଣ କରୁଛି
କପଟ ପଶାର ।

ଚରିତ୍ରମାନେ ରଙ୍ଗିନ ଫୁଲ ପରି
ଗୁନ୍ଥା ହେଇଛନ୍ତି
ଏକ ଦୀର୍ଘତମ ମାଳରେ
କିଏ ନୁଖୁରା ବାଳରେ ମାରୁଛି ଅତର
ତ' କିଏ ବଜାର ଘାଟରେ
କାହାର କରୁଛି ଚରିତ୍ର ସଂହାର
ଅମାନିଆ ହର୍ଣ୍ଣ ବାଜୁଛି ପେଁ ପାଁ
ଗୋଳମାଳ ହେଇ ମୁଣ୍ଡ କଚାଡୁଛି
ଉଦ୍‌ଭ୍ରାନ୍ତ ଯୁବକ
ଫାଇରିଙ୍ଗ କରୁଛି ଢୋ ଢା
କଥା କଟାକଟିରେ ।

ନାଗ ସାପର ଲହ ଲହ ଜିଭ
ଘୁରି ବୁଲୁଛି ଝାପ୍‌ସା ଆଲୁଅରେ
ବହିଯାଉଥିବା ସୁଅ ଅଟକାଉଛି
ସିଡ଼ି ଚଢୁଥିବା ଗୋଡରେ ଜଞ୍ଜିର ବାନ୍ଧୁଛି
ଫୁଟୁଥିବା ଗୋଲାପ କଢିକୁ
ଲୋଚା କୋଚା କରୁଛି
ବଂଶୀର ସ୍ୱନ ଭାଙ୍ଗୁଛି ଉତ୍ତରା ପବନ
ମିଛ ମାମଲାରେ
ରାମ ସାହୁର ପୁଅ
ଜେନାକାରୀରେ ଫସିଛି ।

ନିଶାରେ ନିଶାରେ
ଘୁମେଇ ପଡିଛି ରାତି

ନିଷ୍କପଟ ସମୟ
ଆଗକୁ ଚାଲିଛି ମାଡି
କିଏ କେଉଁଠି ପଛରୁ ଡାକୁଛି
ଅଟକି ଯାଅ ଘଡିଏ
ସୁଧାର ଆସିବ ରୁହ
ନିଶା ଛାଡିବା ଯାଏ ।

ସୂର୍ଯ୍ୟ କିରଣ ବିଞ୍ଚି ଦେଲାଣି
ଖରା ସବୁଆଡେ
ରୁହ, ନିଦ ଭାଙ୍ଗିବାର
ବେଳ ଆସିଲାଣି ।

କିଏବା ସ୍ୱୀକୃତି ଦେବ

ଏମିତି କୌଣସି କଥା ନାହିଁ
ଯିଏ ବୋଝ ମୁଣ୍ଡାଇବାକୁ ବାଧ୍ୟ
କୌଣସି ଅଘଟଣ ଘଟିବ ନାହିଁ ବୋଲି
ହେବ ପ୍ରତିଶ୍ରୁତିବଦ୍ଧ ॥

ଏମିତି କେହି ଉତ୍ତର ଦେବାକୁ ନାହିଁ
କହିବ ସମୁଦ୍ର ପାଣି ଲୁଣି ହେବାର ରହସ୍ୟ
ଭୂକମ୍ପରେ ଥରହର କାହିଁକି ମଣିଷ
ଇନ୍ଦ୍ରଧନୁର ରଙ୍ଗରେ କାହିଁକି
ଶୋଭାପାଏ ଚିତ୍ରିତ ଆବେଶ ।

କିଏ କହିବ କାହିଁକି
ବୋହିଚାଲିଛି ପଥର ଖୋଲରୁ
ଅବାରିତ ମଧୁର ଝର
ଯାତ୍ରାପଥରେ କ୍ଲାନ୍ତ ଦେହ ବୋହି
ତତଲା ମାଟିରେ ଫୁଟୁଛି
ଟଳମଳ ରକ୍ତାକ୍ତ ପାଦ ॥

ଚତୁର୍ଦ୍ଦିଗରେ ନେଙ୍ଗୁସ
ଛଦ୍ମ ବେଶରେ ଲୁଚିଛି
କ୍ରୋଧିତ ସାପ

ବିକଟାଳ ମୁଖାପିନ୍ଧି
ସୁଁ ସୁଁ ଶବ୍ଦ କରି
ଆବୋରି ବସିଛନ୍ତି ଦୁଆର
ବିନା ସର୍ତ୍ତରେ
ଟାଣି ନେଉଛି କାଳଫାସ
ଆମେସବୁ ସଙ୍ଗଠିତ ଯାଦୁକର
ଅଗିରା ପୁନେଇଁର ଶୀତ ପୋଡ
ଶୂନ୍ୟତା ଭିତରେ ବିଛେଇ ଦେଉ
ମିଛି ମିଛିକା ଜାଲ
ମାଙ୍କଡ ନଚାଇ ପୋଷୁଛି ସଂସାର ॥

କ୍ଷେତରେ ଓହଳିଛି ସୁନାର ଫସଲ
ଫଂଜରାହାଡକୁ ଫଂଝା ମେଲାଇ
ଶୋଷୁଛି ଏକ କ୍ଷୁଧିତ ପାପ
କୁଆଡୁ ଆସିଲା କେଜାଣି
ଏକା ନିଃଶ୍ୱାସରେ
ସବୁକୁ ଉଜାଡି ଦେଲା ଅଦୃଶ୍ୟ ବାଂଫ ॥

ବିନା ସର୍ତ୍ତରେ ଜିଇଁଚାଲିଛି
ଏକ ଜାରଜ ଜୀବନ
ଭୋଗିବାକୁ ହେବ ଅନନ୍ତ କାଳର
ଦୁଃଖ ହା ହତାଶର
ଗାଧୋଇବାକୁ ପଡିବ ସେଇଠି
ଯେଉଁଠି ଅଛି ସମୁଦ୍ରେ
ବିଷାକ୍ତ ଲହର
କିଏବା ସ୍ୱୀକୃତି ଦେବ
ତମ ଜନ୍ମ ଜାତକର ॥

■

ସହି ହୁଏନି

ସହି ହୁଏନି ବେଳେବେଳେ
ଏତେ ନିଃସଂଗତା ।।

ପ୍ରାକ୍ ଐତିହାସିକ କାଳକୁ
ସ୍ମରଣ କଲେ
ମାଡ଼ିପଡ଼େ ଯେମିତି
ଆବୋରି ବସିଛି
ଏକ ଆତଙ୍କିତ ଅସହାୟ ସମୟ ।।

ଆଜି ବି ବାପ ଜେଜବାପର ମୁହଁ
ଓଦା ଓଦା କାଦୁଅ କାଦୁଅ
ଭବିଷ୍ୟତ ବି ଅନ୍ଧକାର
ଏ'ତ ସମ୍ଭାବିତ
ବିଲୟ ହେବାର ବେଳ ।।

ଏବେ ତ ସମ୍ପୂର୍ଣ୍ଣ ନୀରବତା
ନାହିଁ ଆନନ୍ଦ ଉଲ୍ଲାସ
ମାନ ଅପମାନ
ସାଙ୍ଗସାଥୀ ଭୋଜିଭାତ
ପ୍ରେମ ଜଡ଼ସଡ଼
ସବୁ ସଂଗରୋଧ / ବଢୁଛି
ଏକାକୀ ଏକାନ୍ତବାସ ।।

କେତେ କାଳର ଭୟରୁ
ନିସ୍ତାର ପାଇଛି ମୃଗୁଣୀ
ନାଚୁଛି ଆନନ୍ଦରେ
ସମୁଦ୍ର ବେଳାରେ
କେତେ ଦିନରୁ ପ୍ରଦୂଷିତ ଜଳ
ଏବେ ସୁଶୀତଳ
କେତେ ଘଟଣା ଦୁର୍ଘଟଣାରୁ
ମୁକ୍ତି ପାଇଛି ଜୀବନ
ଛେଳି ବାଟ ଖୋଜୁଛି
ତା' ମା ଘର ।।
ଦୁଃଖିଆ ବୋଉ ଜାତିରେ କଣ୍ଡରା
ଛୁଇଁଦେଲେ ଛଅଁନ୍ତା
ଅଜାତିଆ ମାଡ଼ି ପାରିବନି
ମନ୍ଦିର ବାରଣ୍ଡା
କେହି ନ ଆସିଲେ ନାହିଁ
ମୁର୍ଦ୍ଦାର କିନ୍ତୁ ଉଠାଇବେନି କେହି
ଏ'ତ ବ୍ରାହ୍ମଣ ଜାତିର କଥା ।।

ଆଜି କିଏ କାହାକୁ କହିବ
ସାରା ଦୁନିଆଁଟା ଅଜଣା ଅଛୁଆଁ
ତୁଣ୍ଡିରେ ବନ୍ଧା ପଡ଼ିଛି
ଅହଂକାରୀ ମଣିଷର ଭାଷା ।।

ଉଇ ଚରିଯାଇଛି
ତାଳପତ୍ର ପୋଥିରେ
ଘୁଣ ଲାଗିଯାଇଛି
କାଳକାଳର ସଂସ୍କୃତିରେ
ଘୁଙ୍ଗୁର ଛିଣ୍ଡି ପଡ଼ିଛି
ନର୍ତ୍ତକୀର ପାଦରେ

କଣ୍ଠରୁଦ୍ଧ ହୋଇଯାଇଛି
ଗାୟକର ସ୍ୱରରେ ॥

ଏବେ ଚାରିଆଡ଼େ ଖାଁ ଖାଁ
ନିଃସଙ୍ଗ ନିର୍ଜନ
ନୀରବତା ଭଙ୍ଗ କରି
ଶୁଭୁଛି ଖାଲି କାଳର କୁହାଟ
ସତରେ ସହି ହେଉନି ଜମା
ଏତେ ନିଃସଙ୍ଗତା
ଏତେ ଏକଲାପଣ ॥

ବେଳେବେଳେ

ବେଳେବେଳେ ତମାମ ରାତି
ଅନିଦ୍ରାରେ ରାତି ପୋଉଥାଏ
ସେ ରାତିରେ ଦୃଶ୍ୟମାନ ହୁଅନ୍ତି
କେତେକ ଆତ୍ମୀୟ ସ୍ୱଜନ
ବୟସ୍କମାନଙ୍କର ଭୂତ
କେବେଠୁଁ ଦେହ ଛାଡିଲେଣି
ଘରଠୁ ହେଲାଣି ଅତୀତ ॥

ଏକାଗ୍ର ଚିତ୍ତରେ ନିରାସକ୍ତ
ଏକଲା ପଣରେ
ଠିଆ ହୁଅନ୍ତି ସେମାନେ
ନିଜ ସାମନାରେ
ଆହା, କେତେ ସୁନ୍ଦର ସୁଠାମ ମଣିଷ
ପ୍ରେମରେ, ନିବିଡ ପଣର କଥା
କେତେ ଏକାନ୍ତ ନିଜର
ଅଭାବ ଅନଟନରେ ବି
ଭୁଲି ଯାଆନ୍ତି
ତମାମ ଜୀବନର ସବୁତକ ବ୍ୟଥା ॥

ତମକୁ ସେମାନେ ଏବେ
ଛାଡିବାକୁ ନାରାଜ

ତମେ ସେମାନଙ୍କୁ ଏବେ
ରଖି ନପାରିବାର ଅସହାୟତା
ସେଇ ଦ୍ୱନ୍ଦ୍ୱ ଭିତରେ
ଜଡ ମୂର୍ତ୍ତିଟି ଭଳି ତମେ
ପାଲଟିଯାଅ ନିର୍ବାକ ନିଷ୍ପନ୍ଦ
ଘାରିହୁଏ ଅଖଣ୍ଡ ନୀରବତା
ଏବେ ଭାବୁଛି କ୍ରମଶଃ
ପଶ୍ଚିମମୁହାଁ ହେଲାଣି ସୂର୍ଯ୍ୟ
କେମିତି ସାଇତିବି ଏ ଗୋଧୂଳି ସଂଜ
ସାରାଟା ଚରିତ୍ରମାନେ ତ
ଏବେ ଆଉ ଯିବାକୁ ଚାହାନ୍ତି ନାହିଁ
ତାଙ୍କ ଇନ୍ଦ୍ରପୁର ॥

ଘର ଭିତରେ ଠିଆ ମଣିଷ
ଆହାପଣରେ ନିର୍ଭୋଳ ତ
ପୁଣି କେତେବେଳେ
ଭୟ ଓ ଆତଙ୍କରେ
ପୂର୍ଣ୍ଣ ଅନାସକ୍ତ
ଦୁଇବାହୁ ଆଲିଙ୍ଗିତ ଦେହ ଓ ଦାହର
ଚରାଭୂଇଁ ଏକ ଚିତ୍ରିତ ଭୂଗୋଳ ॥

ଆତ୍ମୀୟ ସ୍ୱଜନ କାନ୍ଧରେ ଏବେ
ପରିପୂର୍ଣ୍ଣ କାଳ କାଳର ଇତି ଓ ଐତିହ୍ୟ
ସେ ଲୁଚିଯାଆନ୍ତୁ
ଗଭୀର ଅନ୍ଧାରରେ
ପୁନଶ୍ଚ ଉଦ୍‌ଭାସିତ ହେଉ
ପ୍ରଜ୍ୱଳିତ ଜିଜୀବିଷାରେ ॥

■

ଊର୍ଦ୍ଧ୍ୱ ଗମନ

ସୂର୍ଯ୍ୟ ମୁହାଁ ସବୁ ମାଟିରେ
ଗଜୁରି ଉଠୁଥିବା ବୀଜ,
କ୍ଷଣକାଳ-ବହୁକାଳ ବି,
ମୁଁ କିନ୍ତୁ ଅସ୍ଥିର,
ମୁଣ୍ଡ ବିହୀନ ପତିତ,
ଅବିରତ କଙ୍କାଳ,
ଚିର ନିଦ୍ରାରେ ଶୋଇଥାଏ
କାଳ କାଳାନ୍ତର ।

ପ୍ରାଣସତ୍ତା ପଞ୍ଚଭୂତରେ
ଉତୁରି ଯାଏ,
ଶୂନ୍ୟ ମଣ୍ଡଳରେ
କୁହୁଡି ଅବା ଅନ୍ଧାରରେ
ନୀରବରେ ଠିଆ
ଊର୍ଦ୍ଧ୍ୱ ଗମନରେ ।

ଜୀବନର ଜାଲ,
ଛନ୍ଦା ଛନ୍ଦି ନକ୍ଷତ୍ର ମଣ୍ଡଳ,
ଉଦ୍ଭାସିତ
ଆଲୋକମାଳା ଲମ୍ବିଥାଏ,
କୋଣ ଅନୁକୋଣ ।

ପାତାଳ, ଭୂତଳ
ଚେର ଲମ୍ବିଯାଏ ଲମ୍ବା କାଳ,
ଉପରକୁ ଚାହିଁ ଠିଆ,
ଗମ, ଆଗମ,
ଶବ୍ଦ, ସ୍ପର୍ଶ, ରୂପ, ରସ, ଗନ୍ଧର,
ଚିରନ୍ତନ ପତନର ବେଳ ।

ଆଡେଇ ଦେଇ ଅନ୍ଧାର,
ଉଡେଇ ନେଇ ପବନ,
ଉଭେଇ ଦେଇ ମେଘ,
କୁହୁଡିର କୁହୁକ ଭିତରେ
ଉଚ୍ଚାରିତ ହୁଏ
ନମ୍ର ମରଣର ମନ୍ତ୍ର,
ପ୍ରାଣସତ୍ତା, ଉଦ୍‌ବାସ୍ତୁ, ଉଲ୍‌କା ପ୍ରାୟ,
ଖସି ଖସି ହୁଏ ମାଟି ମନସ୍କ,
ଏବଂ ଉତ୍ତରିତ ଚେତନାର
ଚୌହଦିରେ ବାନ୍ଧି ହୋଇଥାଏ,
ଅନନ୍ତକାଳକୁ ମୁଁ
ସୂର୍ଯ୍ୟଙ୍କ ଚଉପାଶରେ ।

■

ଦେଶ

କେତେ କେତେ ପାଖୁଡାର ସମାହାରରେ
ସୁରଭିତ ଭବ୍ୟ ଏକ ଦେଶ
ଷଡଋତୁର ଅତରରେ
ମହ ମହ ବାସ୍ନାୟିତ
ଆଶା, ପ୍ରଜ୍ୱଳିତ ପ୍ରତିଟି ପ୍ରତ୍ୟୁଷ ॥

ଓସ୍ତ ଗଛ ମୂଳରେ
ନାଲି କନା ବାନ୍ଧି
କୁଳ ଭୁଆସୁଣୀ ଶୁଭ ମନାସୁଛି
ବିଷ ବି ଅମୃତ ହେଉ କହୁଛି
ସେପାରିରେ ଧନୁତୀର ଧରି
ଜଗି ବସିଛି ପାମର
ସଂକଟ ମୋଚନ ପାଇଁ କିଏ ଶୋଉଛି
ମିଛ ରାତିର ଶେଯ ହୋଇ ॥

ସ୍ୱପ୍ନମାନେ ଭ୍ରମୁଛନ୍ତି ଦିଗ୍‌ବଳୟରେ
ଆମ୍ବତୋଟାରେ ଜହ୍ନରାତିର ଖେଳଖଟି
ସୁନା ପଞ୍ଜୁରୀରେ କୋଇଲିର କୁହୁରାବ
ମୌସୁମୀ ବିଂଚୁଛି ସାରାକୂଳ
ଅହେତୁକ ଦୁଃଖ ନଗରୀରେ ॥

ଝୁମ୍ପୁଡି ବସ୍ତିରେ
ଆତ୍ମୀୟଜନଙ୍କ ନିରାପତ୍ତାରେ
ପାହାନ୍ତାରୁ ରାବୁଛନ୍ତି

ଦୁଇଟି ଡହଳ ବିକଳ ପାରା
ଗୀତ ଗାଇ ଗାଇ ଗାଇପଲ
ଅଡେଇ ନେଉଛି ଗାଈଆଳ ପିଲା
ଭୋକ ପିଇଯାଉଛି ପାଟି
ପବନରେ ଜାମୁକୋଳି
ବିଛେଇ ହୋଇ ପଡିଛି
ଅମୃତ ମଣୋହି ଭାବି ଦେଶ ଚୋଷୁଛି
ଡହ ଡହ ଖରା ॥

କେତେକାଳୁ ଖାକି ପୋଷାକର କ୍ଷୁଧା
କେତେକାଳୁ କ୍ଷୋଭ ଓ କାନ୍ଦଣା
ଦେଶ ସବୁ ଦେଖୁଛି, ସବୁ ସହୁଛି
ତିନି ମାଙ୍କଡ ଅହେତୁକ ମାୟାରେ
ଆବୋରି ବସିଛନ୍ତି ଭୂମି, ନଈନାଳ
ପାହାଡପର୍ବତ ବୃକ୍ଷ ମାଳମାଳ ॥

ଖୋଲା ଆକାଶରେ ଡେଣା ମେଲାଇ
ଉଡୁଛନ୍ତି ଆଶା ଓ ଆଶ୍ୱାସନା
ଜୀବନ ଜିଜୀବିଷାର ଘମାଘୋଟ ଲଢେଇରେ
ସଶସ୍ତ୍ର ସୈନିକ ଭଳି
ବୀର ଠାଣିରେ ମାଡିଯାଉଛି
ଏବଂ ବସା ବାନ୍ଧୁଛି ଶୂନ୍ୟରେ ॥

ଫୁଲଫୁଟିବାର ସୁଗନ୍ଧରେ
ଦେହର ବାସ୍ନା ମହମହ
ଭ୍ରମର ଚୁମୁଚି ନୀଳପାରାବାର
ଦିଗନ୍ତୁ ବ୍ୟାପି କାମନାର ଶୋଷ
ସମୟକ୍ରମରେ ପରିପୂର୍ଣ୍ଣ ହୁଏ
ଇଚ୍ଛାର ଭଣ୍ଡାର ॥

ଆକାଶ ମୁହାଁ

ପ୍ରାୟତଃ ଫୁଲମାନେ ଫୁଟନ୍ତି
ଆକାଶ ମୁହାଁ ॥

କିଏ ଦେଖେ, କାହାର ସେ ସ୍ପର୍ଶ
ଶୂନ୍ୟରେ
ପଲ୍ଲବୀ ଯାଏ ମାଟିକୁ
ନାଁ ଆଦରି ନିଏ ତମ ଆମକୁ ॥

ସେ ବିଚରଣ ନ କଲେବି
ସେ ସ୍ପର୍ଶେୟୀ ଯାଏ
ତା' ଚାରିଦିଗର ପୃଥିବୀକୁ
କିଏ ଆପଣାଏ
ତ' କିଏ କାଟିଦିଏ ତା ଛାତିକୁ ॥

ସୁଗନ୍ଧକୁ ପିଇଯାଏ କୀଟ
ତା ରକ୍ତକୁ ଟାଣିନେଇ ପେଟ ପୁରାଏ
ବାତୁଳ ପ୍ରାୟ ମଦମତ୍ତ
କ୍ଷୁଧାର୍ତ୍ତ ବିଚରା ଜାବୁଡ଼ି ଧରେ ଡାଳ ॥

ମାଟି କୁହୁଳି କୁହୁଳି ଉଷୁମାଏ
ମାଟି ଚେରେଇ ଚେରେଇ ଫାଟେ

ପ୍ରସରୁଥାଏ ତଳକୁ
ଜିଆଁଉଥାଏ ଦେହକୁ ॥

ଅହଂକାରୀ ରାଜଜେମା
ଫୁଲତୋଳେ
ଖୋଷାରେ ଲଗାଏ
ଲହ ଲହ ଜିହ୍ୱା ତା' ଚାରିପାଖରେ
କଡ ଲେଉଟାଏ ॥

ଅପହଞ୍ଚ ପାଣି, ଶିଖାମୟ ତେଜ
ପବନ ସାଉଁଳେଇ ଦିଏ ମାୟାରେ
ପାତାଳକୁ ଫୁଟିଯାଏ ଚେର
ପଲ୍ଲବିତ ହୁଏ ରତୁର ସମ୍ଭାର ॥

ଫୁଲ ଫୁଟୁଥାଏ ଯେ ଫୁଟୁଥାଏ
ଚେର ଖାଉଥାଏ ମାଟି
ଫୁଲ ଫୁଟୁଥାଏ ପେନ୍ଥା ପେନ୍ଥା
ଗତି ବଦଳୁଥାଏ ରତୁର
କାଳରୁ ମହାକାଳ ଯାଏ
ଅନନ୍ତ କାଳକୁ ॥

■

ଆୟୁଃକାଳ

ଘନ ଗହଳ କେଶ
ଭୁତୁଣି ଭଳି କଦାକାର ବେଶ
କଳାହାଣ୍ଡିଆ ମେଘରେ ବିଜୁଳି ଚମକ
ସୀମନ୍ତରେ ଝଟକୁଛି ଦ୍ୱିତୀୟା ଜହ୍ନ ॥

ଏମିତି ଏକ ମାଛି ଅନ୍ଧାରିଆ ସମୟ
ଗୋଧୂଳି ଝାଉଁଳି ଥିବାର ଦୃଶ୍ୟ
ମୋ' ଅଜାଣତରେ
ମୁଁ ଭୟଭୀତ
ଦିହରେ ସଂଚରୀ ଯାଉଛି
ଏକ କାଳ କାଳର ଭୋକ ॥

ମୁଁ ଜାଣେ
ପବନ ଉଡେଇ ନେବ ମେଘକୁ
ଗହଳ ଅନ୍ଧାର ଅପସରି ଯିବ
ମୁଁ ଶୋଇଥିବି ଚଟାଣ ଉପରେ
ଭୟର ଖୋଳପା ଉତାରି ଦେଇ
ମୁଁ ଦେଖିବି ସମୁଦ୍ରକୁ ॥

ମୁଁ ବାଟ ଚାଲୁଥିବି ଏକା ଏକା
କେହି କୁଆଡେ ନଥିବ

ସବୁଠି ଢାଙ୍କି ହୋଇଥିବ
ନୀରବପଣର କଳା ବାଦଲ
ମୋର ଚିତ୍କାର
ପଂହଚି ପାରୁନଥିବ ସେଇଠି
ଦେହମନ ନିଷ୍କଳ ନିସ୍ତରଙ୍ଗ
ଜୀବନ ନେଇ ଯେତେକାଳ
ମୁଁ ଖେଳୁଥିବି ମୋ ଖେଳ ॥

ଏବେ ଝୁଣ୍ଟିପଡୁଛି ମୁଁ ଏବେ
ପ୍ରସ୍ତାବନର ଚଉବନ୍ଧିରେ
ହଜିଗଲାଣି ହାତ ପାପୁଲିର ଚିତ୍ରଲେଖା
କାଲିଠୁ ଦେଖିନି ତାକୁ ଅନ୍ଧାରରେ ॥

ଅଦ୍‌ଭୁତ ସମାବେଶରେ ସେ ସ୍ଥିର
ମରଣ ଅବା ଜିଇଁବାର
ଯନ୍ତ୍ରଣା ଭେଦି ଜିଇଁ ଚାଲିଛି କେବଳ
ଅବଶିଷ୍ଟ ଆୟୁଃକାଳ ॥

■

ଗାନ୍ଧୀ ମଣିଷ

ଆଉ କେତେକାଳ
ଗାନ୍ଧୀର ଜୀବନାଦର୍ଶକୁ ନେଇ
ବସି ରହିଥିବ ନୀରବରେ
କଳାହାଣ୍ଡିଆ ମେଘ ତ' ଆସିବ
ବସନ୍ତର ପବନ ବହିବ
ସୂର୍ଯ୍ୟ ଅପସରି ଯିବେ
ନଇଁ ଆସିବ ସଂଜ
କିନ୍ତୁ ତୁମେ ଗାନ୍ଧୀ ମଣିଷମାନେ
ସେମିତି ବସିଥିବ
ଖଟି ଖାଅ କୁଟି ପିନ୍ଧର
ସ୍ଲୋଗାନ ଦେଇ ଦେଇ ॥

କେତେ କେତେ ଯନ୍ତ୍ରଣା
ସହ୍ୟ କରୁଥିବ
ମାଟିକୁ ମାଟିରେ ମିଶାଇ
ରକ୍ତକୁ ପାଣିକରି ଦେଇ
ଆଶ୍ୱସ୍ତି ଟିକକ ପାଇଁ
ଅପେକ୍ଷାରେ ଥିବ ସବୁଦିନ ॥

କୁହତ, କିଏ ଦେବ ଆଶ୍ୱାସନା

ନେତା, ମଂତ୍ରୀ, ରାଜପାରିଷଦ
ଯୀଶୁ, ବୁଦ୍ଧ, ଗାନ୍ଧୀ,ରାମଚନ୍ଦ୍ର
କିଏ ଦେବ ?
ମନ୍ଦିର ଭିତର ଈଶ୍ୱର ॥

ଖ୍ରୀଷ୍ଟ ଆଜି ନିଶ୍ୱାସ ମାରୁଛି
କୃଶବିଦ୍ଧ ତନୁ ତାର
ଆନନ୍ଦରେ ସବୁତ ସହୁଛି ॥

ବୁଦ୍ଧ ଶିଖାଇଦେଇଛି ମଂତ୍ର
ଧର୍ମଂ ଶରଣଂ ଗଚ୍ଛାମି
ଗାନ୍ଧୀ କହିଚି ଅହିଂସାରେ
ବ୍ରତୀହୁଅ / ମନ୍ଦସବୁ ସହିଯାଅ
ଆଖିବନ୍ଦ / ପାଟିବନ୍ଦ
ତିନି ମାଙ୍କଡ଼କୁ ଧରାଇଦେଇଛି ॥

ପିତୃସତ୍ୟ ପାଳନ ପାଇଁକି
ଦଳବଳ ଗଲେ ବନବାସ
ପ୍ରଜାନୁରଂଜନ ରାଜା
କହିଗଲେ
ପତ୍ନୀଙ୍କୁ ବି ବଳି ଦିଆଯାଇପାରେ
ହୋଇ ପଛେ ନିଜେ କାପୁରୁଷ ॥

ଯିଏ ଦେଖାଇଛି
ଗୋପୀଙ୍କର ନଗ୍ନ ଦେହ
କଦମ୍ବ ବନରେ
ସେଇ ପୁଣି ଆବିର୍ଭୂତ
ବିଶ୍ୱରୂପ କୁରୁକ୍ଷେତ୍ର ପରେ ॥

ଯିଏ ଶିଖାଇଛି
ରାସକ୍ରୀଡା, ଦ୍ୟୁତକ୍ରୀଡା, କୁଟନୀତି
ସିଏ ପୁଣି ଶୁଣାଇଛି
ଆତ୍ମଜ୍ଞାନ, ସର୍ବ ପାପୁ ମୁକ୍ତି ପାଇଁ
ସବୁ ଧର୍ମ ପରିହରି
ନିଅ ନିଃସର୍ତ୍ତ ଶରଣ ॥

ସବୁଶିକ୍ଷା, ସବୁ ଜ୍ଞାନ, ସବୁ ଉପଦେଶ
ସବୁ ଦୀକ୍ଷା, ସବୁ ଆଶୀର୍ବାଦ
ସବୁ ମଂତ୍ର ସବୁତନ୍ତ୍ର
ସରିତ ଯାଉଛି ଏବେ
ଅଛଖାଲି ତୁମ ପରି
ଗାନ୍ଧୀ ମଣିଷ
ଯାହା ନିରାଶ୍ରୟ ଜୀବନ ଜିଉଁଛ ॥

ତୁମେ ହିଁ ତୁମର ପ୍ରୀତି ଓ ସାଥୀ
ସଦାକାଳ ଆଶ୍ୱାସନାର ମଂତ୍ର ଜପି
ନିଜକୁ ଚିହ୍ନିବା ପାଇଁ
ଆଣ୍ଠେଇପଡ଼ି ବସିଥାଅ ଯେ ବସିଥାଅ
ଗାନ୍ଧୀ ମଣିଷ ପାଲଟିଯାଅ,
ଆଦର୍ଶକୁ ଭିତ୍ତିଭୂମି କରି ॥

■

ଶେଷ ପାହାଚ

ସମୟର ଶେଷ ପାହାଚରେ
ଭିଡ ଲାଗିଛି ଏବେ କାଳେ ॥

ପ୍ରଥମ ପାଦ
ଛୁଇଁଲା ବେଳକୁ ମାଟି
ମାଟି ସଶକ୍ତ
ପବନର ସଙ୍ଖୁଳାରେ
ପରାସ୍ତ ଦିଗ୍‌ବଳୟ
ମାୟା ମୋହିନେଲା ମୋହରେ
ଶିରା ପ୍ରଶିରା
ଟକ୍ ଟକ୍ ଫୁଟୁଥିଲା ରକ୍ତରେ ॥

ପାଦ, ଉତ୍ତାନପାଦ
ବୀର ବେଶରେ ଆଗୁସାର
ପ୍ରତିକାଳେ ଦୁଃଖ, ଦୁର୍ଭିକ୍ଷ
ସୁଖ, ସୌହାର୍ଦ୍ଦ୍ୟ
ସମୁଦ୍ରର ଗଭୀରତାକୁ
ଲମ୍ଫ ମାରିପାରେ ଅନାୟାସରେ
ଫୁ କରି ଶୋଷି ନେଇପାରେ
ସବୁ ପାଣି
ଶୂନ୍ୟତାକୁ କୋଳେଇ ନିଏ ଛାତିରେ

କୁହାଟ ମାରିପାରେ
ଅଧରାତିରେ ॥

ମାଟି ଛୁଇଁ ପ୍ରଥମ ପାହାଚରେ
ପାଦ ଦେଲା ବେଳକୁ
କେତେ ନ ଲଂଘିଚି
ପଥର ପାହାଡ
କେତେ ନ ପିଇଛି
ପିଶାଚ ରୁଧିର
ସମୁଦ୍ର ପାଣିକୁ ନେଇ
ପାପୁଲିରେ ମନ୍ତ୍ରସ୍ନାନ କରିଛି ॥

ରକ୍ତନଦୀ ସନ୍ତରଣରେ
ଭେଟିଛି କୂଢ କୂଢ ଶବ ସହ
ଲକ୍ଷ୍ମଣର ଦେହ
ନ'ଅଙ୍କ ଦୁର୍ଭିକ୍ଷର କରାଳ ଛାୟାରେ
ଆତ୍ମାଶୂନ୍ୟ ଶରୀରର
ମାଳ ମାଳ କଙ୍କାଳ ॥

ମୁଁ ଜିତେନ୍ଦ୍ରୀୟ ପୁରୁଷ
ଅମାପ ଶାସ୍ତ୍ର ମୋ ହାତରେ
ନ୍ୟାୟ, ମୀମାଂସା
ଯୋଗ ଦର୍ଶନ ସବୁ ପଢିଛି
ସାଂଖ୍ୟ ଦର୍ଶନର ଗଭୀରତାକୁ
ତିଳେ ତିଳେ
ମୁଁ ଅନୁଭବ କରିଛି ॥

ରତ୍ନ ପାଲିଙ୍କିରେ ଯାଇଛି
ରତ୍ନ ଭଣ୍ଡାର ମୁଁ ଦେଖିଛି

ମୁଁ ପିଇଛି ହଳାହଳ ବିଷ
ଅଜଗର ଭଳି
ଶୋଷି ପାରିଛି
ଜଗତ ଯାକର ନିଃଶ୍ୱାସ ॥

ସବୁ ପରେବି
ମୁଁ କାହିଁକି ଆଜି ସ୍ଥବିର
ଥରୁଛି ହାଡ/ଟଳମଳ ପାଦ
ପ୍ରାପ୍ତି ଅପ୍ରାପ୍ତିର ଅବସୋସରେ
ମୁଁ ଠିଆ ନୀରବ ନିଥର
ତଥାପି
ମୋ ସହ ଶେଷ ଧାଡିରେ ଠିଆ
ସହଯାତ୍ରୀଙ୍କୁ କହୁଛି
ଆସ, ପାହାଚର ଆରପାରିରେ
ଅପେକ୍ଷା କରିଛି ଆମକୁ
ଏକ ଅଲୌକିକ ଆନନ୍ଦର ଉତ୍ସ ॥

■

ପାହାନ୍ତା ସକାଳ

ପାହାନ୍ତା ସକାଳ
ଓହ୍ଲାଇଦିଏ ରାତିର ଛିଟପକା
ସୁକୋମଳ ଶେଯ
ଅନ୍ଧାରି ଶାଢ଼ିର
ପଣତ ଖୋଲି ବେଶ ବଦଳାଏ
ପିନ୍ଧିଦିଏ ଚିକ୍‌ମିକ୍
ଧଳା ରଙ୍ଗ ଶାଢ଼ି ।

ଗଙ୍ଗାଧାରରେ
ପୁତଃ ପବିତ୍ର ଶରୀର
କିଏ ଉଚ୍ଚାରୁଛି
'ଜବା କୁସୁମ ଶଙ୍କାଶଂ'
ଦିବ୍ୟ ଋଷି ପାଦପକାଏ
ଡହ ଡହ ଖରାରେ
ଝାଳ ଗମ୍ ଗମ ହୋଇ
ଠିଆ ହୁଏ ଦିବ୍ୟ ଜ୍ୟୋତିର୍ମୟ ॥

କ୍ରମଶଃ
ଓହ୍ଲାଇପଡେ ସିଂହାସନରୁ
ରାଜ ଅଂଶୁମାନ
ତମ୍ବା ରଙ୍ଗର ଖୋଳପା

ବେଢେଇ ହେଇଯାଏ ଦେହରେ
ପୁନଶ୍ଚ ନିରୀହ କମନୀୟ
ଗୋଧୁଳି ସଂଜର ମହିମ୍ନତାରେ
ଖସିପଡେ ମାର୍ତ୍ତଣ୍ଡ ଯୌବନ ॥

ଢାଳିଦିଏ ମାଟିରେ
ଅଯାଚିତ ସ୍ନେହ ଓ ଜୀବନ
ବିଞ୍ଚିଦିଏ ଫୁଲପରି ହସକଢି
ଉଛୁଖାଲ ପାଦ ପଦ୍ମବନ ॥

ପୂର୍ବାଶାରୁ ପ୍ରତିଚୀର
ସୁଦୀର୍ଘ ଦେହର ମାଜଣା
ମୋହିତ ମୋହନ ସେଇ
ଶାନ୍ତ କାନ୍ତ କମନୀୟ
ସୁଦିବ୍ୟ ଚେତନା ।

ଉଷୁମ ରାତିର ରଙ୍ଗ
ନିଝୁମ ବର୍ଷାର ଛନ୍ଦ
ଶରତ, ହେମନ୍ତ ଶୀତ
ଚିରକାଳ ଚିରନ୍ମୟ
ପ୍ରିୟ ମୋର ଉଭା
ପାହାନ୍ତାର ପରସରେ
ଠିଆ ସେଇ ନିର୍ବିକାର
ଲୀନ ହୁଏ
ଗୋଧୂଳି ସଂଜରେ ॥

■

ଆପଣା ପଣ

କଉଁଠୁ ପାଇବି ଆଞ୍ଜୁଳାଏ
ସ୍ନିଗ୍ଧ ଆପଣାପଣ ॥

ଫଟିକତିରେ ଆବୃତ
କଣ୍ଠା ଆଉ ରକ୍ତବୋଳା କାନ୍ଥ
ହାତ ବଢେଇଲେ
ଝରିପଡ଼ିବ କାଳ କାଳର ଦୁଃଖ ॥

ଯଦି ଘୋଷାରି ହେବି ବାଡ଼ିପଟକୁ
ଆଂଜୁଳା ଆଂଜୁଳା ରକ୍ତରେ
ଭିଜିଯିବ ଦୀର୍ଘଦିନର ଭୋକ
ଗନ୍ଧେଇବ
ମୋ ପୂର୍ବପୁରୁଷଙ୍କ
ପୂଜ ରକ୍ତଭରା କଂକାଳ ॥

ଦୃଶ୍ୟାନ୍ତରରେ
ଚତୁର୍ଦ୍ଦିଗ ଅଦ୍ଭୁତ ନିଆଁର ବଳୟ
ଦୁର୍ଭିକ୍ଷ, ଅନାହାର
ଅତ୍ୟାଚର ଅନୁଶୋଚନାରେ
ଦୃଶ୍ୟମାନ
ଏକ ଅଜଣା ପୃଥିବୀର ଗତି ॥

ସ୍ଥିତି ଟଳମଳ
ଜୀବନର ଆକୁଳ ପଣ
ଧୋଇଯିବ ରକ୍ତଟୋପାର ଚିହ୍ନ
ମୁଁ ନିସ୍ତେଜ ନିର୍ବେଦ
ପଥ ବହୁଦୂର
ନୀରବମୟ ଯାତ୍ରା
ପାଦ ପକାଇବା ପାଇଁ
ଖୋଜି ଚାଲିଛି ମାଟି
ଚେତନା ଚୌହଦୀରେ
କୁହୁଡ଼ିର ବଳୟ ଭିତରେ
ମୁଁ ଅଣ ନିଃଶ୍ୱାସୀ
ଖୋଜୁଛି, ଖୋଜିଚାଲିଛି
କେଉଁଠି ପାଇବି
ଆଞ୍ଜୁଳାଏ ଆପଣାପଣ ॥

BLACK EAGLE BOOKS

www.blackeaglebooks.org
info@blackeaglebooks.org

Black Eagle Books, an independent publisher, was founded as a nonprofit organization in April, 2019. It is our mission to connect and engage the Indian diaspora and the world at large with the best of works of world literature published on a collaborative platform, with special emphasis on foregrounding Contemporary Classics and New Writing.

www.ingramcontent.com/pod-product-compliance
Lightning Source LLC
Chambersburg PA
CBHW020542080526
44583CB00013B/953

* 9 7 8 1 6 4 5 6 0 2 1 1 8 *